Dans la même collection :

Sous le signe du lien, 1997.
Mémoire de singe et paroles d'homme, 1993.

Chez d'autres éditeurs :

Les vilains petits canards, Odile Jacob, 2001.
L'homme, la science et la société, L'Aube, 2000.
Dialogue sur la nature humaine, avec Edgar Morin, L'Aube, 2000.
Un merveilleux malheur, Odile Jacob, 1999, réédition coll. « Opus », 2002.
Si les lions pouvaient parler, dir., Gallimard, Quarto, 1998.
L'intelligence avant la parole, nouvelles approches du bébé, dir., ESF, 1998.
L'ensorcellement du monde, Odile Jacob, 1997, réédition coll. « Opus », 2001.
De la parole comme d'une molécule, Le Seuil, coll. « Points », 1995.
De l'inceste (avec Françoise Héritier et Aldo Naouri), Odile Jacob, 1994.
Les nourritures affectives, Odile Jacob, 1993, réédition coll. « Opus », 2000.
Le visage : sens et contresens (sous la direction de), Eshel, 1998.

LA NAISSANCE DU SENS

Du même auteur

Mémoire de singe et paroles d'homme, Hachette Littératures, coll. « Pluriel », 1983.

Le visage : sens et contresens (sous la direction de), Eshel, 1988.

Sous le signe du lien. Une histoire naturelle de l'attachement, Hachette Littératures, 1989, rééd., coll. « Pluriel », 1997.

Les Nourritures affectives, Odile Jacob, 1993.

De l'inceste (avec Françoise Héritier, Aldo Naouri), Odile Jacob, coll. « Opus », 1994.

De la parole comme d'une molécule, Le Seuil, coll. « Points », 1995.

L'Ensorcellement du monde, Odile Jacob, 1997.

BORIS CYRULNIK

LA NAISSANCE DU SENS

Introduction de Dominique Lecourt

HACHETTE
Littératures

Collection fondée par Georges Liébert
et dirigée par Joël Roman

Cet ouvrage a été publié pour la première fois dans la collection « Questions de science », dirigée par Dominique Lecourt.

INTRODUCTION

Longtemps les hommes se sont employés à sur-
humaniser l'animal pour alléger leur pensée de ses
tourments les plus aigus et trouver dans une vénération partagée un lien qui les unît. Les paléontologues
nous ont appris comment les hommes préhistoriques,
dès le paléolithique supérieur, tentaient de se forger
« une certaine image de l'ordre universel » (André
Leroi-Gourhan) en disposant sur les parois de leurs
cavernes des figures symbolisées, qu'ils empruntaient
essentiellement aux animaux : bisons et chevaux,
félins et rhinocéros... Les conflits d'interprétation qui,
pendant des décennies, divisèrent les ethnologues sur
la signification et la réalité à accorder au « toté-
misme » ont fait apparaître le règne animal comme le
réservoir inépuisable des marques grâce auxquelles la
« pensée sauvage » opère ses catégorisations sociales.
Des animaux, familiers ou fabuleux, parcourent les
grandes mythologies, du Minotaure crétois au serpent
emplumé du Mexique précolombien ; leurs corps

apparaissent façonnés, déformés jusqu'au difforme, par les mortels qui leur ont assigné un rôle à la démesure de leurs craintes viscérales et de leurs désirs irréductibles.

La pensée grecque, à la notable exception d'Épicure (341-270 av. J.-C.), prenant le chemin de la philosophie, a retourné ce culte en pur mépris ou en simple condescendance. Lorsque Platon (428-348 av. J.-C.) en vient dans le *Timée* à parler des animaux, c'est pour laisser entendre qu'il s'agit d'êtres humains dégénérés : « La race des oiseaux provient par une légère métamorphose (des plumes dont elle s'est couverte, au lieu de poils) de ces hommes sans malice, mais légers, qui sont curieux des choses d'en haut mais qui s'imaginent que c'est par la vue qu'on obtient à leur sujet les démonstrations les plus fermes. » On comprend que le souci de la classification zoologique soit resté étranger à un penseur qui se livre ainsi au délire de la métaphore.

Aristote, qui fut son disciple, s'en démarque et passe, à juste titre, pour le fondateur de l' « histoire naturelle » : ses observations sur les animaux, des abeilles aux requins, couvrent plus de cinq cents espèces différentes, dont cent vingt espèces de poissons et soixante espèces d'insectes; elles témoignent d'un extrême souci de précision. Mais l'intention de cette immense enquête ne doit pas être perdue de

vue : elle ne vise nullement la pure description. Aristote entend bien plutôt apporter la preuve qu'il existe
une « intention », un « dessein », dans la structure
des êtres vivants. Cette intention manifeste non l'acte
d'un créateur, mais l'existence d'une échelle unique
de l'être qui, par degrés de perfection croissante,
« monte » des objets inanimés aux plantes, puis aux
animaux et aux hommes. L'homme y apparaît
comme un animal ; mais c'est d'un « animal raison-
nable » qu'il s'agit. Si l' « âme nutritive » existe dans
les plantes comme chez les animaux, si tous les animaux disposent en outre d'une « âme sensitive » par
laquelle ils accueillent les sensations et ressentent plaisir et douleur, seul l'homme est supposé disposer en
outre d'un intellect.

La pensée occidentale mettra des siècles à se libérer de l'anthropocentrisme qu'implique une telle
conception ; d'autant qu'il s'est trouvé renforcé dans
la pensée chrétienne par la référence au texte de la
Genèse où il est écrit que Dieu a destiné l'homme,
créé à son image et à sa ressemblance, à « régner sur
les poissons de la mer, sur les oiseaux du ciel, sur le
bétail, sur la terre entière, et sur tous les reptiles qui
rampent sur le sol ». La succession des actes créateurs
instaure une discontinuité entre l'homme et l'animal.
Si l'homme, par son « âme intellective » (saint
Thomas) immatérielle et immortelle, participe seul à

la nature divine, l'animal subit une sorte de discrédit ontologique radical. Animal, l'homme le reste pourtant irrémédiablement. Et l'animalité hantera pour longtemps l'humanité comme son intime menace. Michel Foucault (1926-1984) a bien montré la présence persistante de ce fantasme au cœur de l'âge classique, au moment où se définit la « raison » occidentale. « La folie, écrit-il, citant Jean-Étienne Esquirol (1772-1840), emprunte son visage au masque de la bête. » Cette hantise s'enracine « dans les vieilles peurs qui, depuis l'Antiquité, depuis le Moyen Âge surtout, ont donné au monde animal sa familière étrangeté, ses merveilles menaçantes, et tout son poids de lourde inquiétude ». Pourtant désormais, l'animal en l'homme ne renvoie plus à quelque au-delà mystérieux, il « est » sa folie, à l'état de nature. Lautréamont (1846-1870), après Emmanuel Kant (1724-1804), témoignera encore de la force de cette conviction occidentale, d'origine chrétienne : l'animal appartient à la contre-nature, à une négativité qui met en péril, par sa bestialité, l'ordre et la sagesse supposée de la nature, à commencer par celle de l'homme.

Quoi qu'il en soit, un tel mode de pensée faisait corps dans la pensée antique avec le géocentrisme auquel Claude Ptolémée donna au IIᵉ siècle apr. J.-C. ses lettres de noblesse mathématiques. Repris par les théologiens, il signifiait que, par la volonté du Créateur, la finalité de la nature plaçait l'homme au sommet de la création, exactement comme il avait installé la Terre immobile au centre des orbes célestes qui composaient le cosmos. Il est d'autant plus remarquable que l'ébranlement puis la chute du géocentrisme au début du XVIIᵉ siècle n'aient pas conduit la pensée philosophique à déloger l'homme de la place prééminente qu'il s'était réservée dans le cadre de ce qu'on ne tardera pas à appeler l' « économie naturelle ». Les circonstances auront voulu que les animaux aient pâti, au contraire, de la constitution de la physique moderne : dès lors qu'il apparaissait nécessaire d'identifier la matière à l'étendue pour dépouiller le mouvement de toute mystérieuse finalité interne et lui appliquer les mathématiques sous les espèces de la toute nouvelle « géométrie analytique », il fallait que la distinction entre substance pensante et substance étendue fût nette et tranchée ; inscrite dans le cadre d'une version remaniée de la création, une telle distinction aboutissait à refuser toute pensée à l'animal. Et c'est ainsi que, de façon très cohérente, René Descartes (1596-1650) traita les animaux comme des machines.

Dans une célèbre lettre à Newcastle datée du 23 novembre 1646, le philosophe affronte la difficulté sans détour. Après avoir expliqué que « les paroles ou autres signes faits à propos » sont les seules « actions extérieures » qui témoignent de l'existence dans nos corps d'une « âme qui a des pensées », il montre que ce critère exclut le « parler » des perroquets mais aussi les « signes » de la pie qui dit bonjour à sa maîtresse : « Ce sera un mouvement de l'espérance qu'elle a de manger, si l'on a toujours accoutumé de lui donner quelque friandise, lorsqu'elle l'a dit. » Il en va de même de toutes les choses qu'on fait faire « aux chiens, aux chevaux et aux singes ». De fait, conclut René Descartes : « Il ne s'est jamais trouvé aucune bête si parfaite qu'elle ait usé de quelques signes pour faire entendre à d'autres animaux quelque chose qui n'eût point de rapport à ses passions. » À ceux qui lui objectent que « les bêtes font beaucoup de choses mieux que nous », il réplique : « Cela même sert à prouver qu'elles agissent naturellement et par ressorts, ainsi qu'une horloge, laquelle montre mieux l'heure qu'il est, que notre jugement ne nous l'enseigne. » Hirondelles, mouches à miel, singes, chiens et chats font ainsi figure d'horloges vivantes...

C'est à Michel de Montaigne (1533-1592) que s'en prend expressément René Descartes, et aux nombreux passages des *Essais*, en particulier dans l' « Apologie de Raimond Sebond », qui dénoncent l'arrogance anthropocentriste. « La présomption, écrivait Michel de Montaigne en moraliste, est notre maladie naturelle et originelle. La plus calamiteuse et frêle de toutes les créatures, c'est l'homme, et quant et quant [sans cesse] la plus orgueilleuse. » Pourquoi considérer que les bêtes n'aient point de pensée? Qui nous autorise à affirmer que le défaut de communication que nous constatons d'elles à nous leur soit imputable? Nous « ne comprenons pas les Basques et les troglodites », nous n'en tirons pas les mêmes conclusions; nous n'imaginons pas, de ce fait, comme à propos des bêtes, qu'ils ne communiqueraient pas entre eux. Michel de Montaigne cite en regard le grand poème de Lucrèce (98-55 av. J.-C.) : « Les troupeaux sans parole et les bêtes sauvages par des cris différents expriment la crainte, la douleur ou le plaisir qu'ils sentent. »

Suit une rafale d'exemples destinés à prouver l'existence chez les animaux d'idiomes divers, différents selon les espèces, et de sentiments semblables aux nôtres qui s'expriment par des mimiques adéquates. « Nous devons conclure de pareils effects pareilles facultés, et confesser par conséquent que ce même discours, cette même voix que nous tenons à ouvrir [que nous prenons pour agir], c'est aussi celle des animaux. »

Montaigne, comme Épicure et Lucrèce, rend par avance raison de la persistance de l'anthropocentrisme tout au long du xviiiᵉ siècle. On ne peut l'imputer seulement à la pensée des naturalistes qui reste hiérarchique, de Carl von Linné (1707-1778) et Georges

Buffon (1707-1788) jusqu'à Étienne Geoffroy Saint-Hilaire (1772-1844) et Jean-Baptiste Lamarck (1744-1829). Elle traduit une « présomption » qui n'est pas sans rapport avec l'image que l'homme tient à se faire de sa propre pensée, à l'illusion qu'il cultive de la maîtrise qu'il exercerait sur elle comme sur le monde.

Il faudra attendre, au tournant du siècle dernier, l'œuvre de Charles Darwin (1809-1882) pour qu'un premier coup décisif soit, en théorie, porté à cet anthropocentrisme. Sigmund Freud (1856-1939) commentera laconiquement cinquante ans plus tard : « blessure narcissique ». Charles Darwin, d'une phrase ironique, donne la mesure du pas qu'il a conscience d'avoir accompli. « Si l'homme n'avait pas été son propre classificateur, il n'eût jamais songé à fonder un ordre séparé pour s'y placer », écrit-il en 1871 dans *La Descendance de l'homme*. L'humanité cesse d'apparaître comme la promesse initiale de l'animalité, fût-elle inaccessible ; l'animalité cesse en retour d'être considérée comme le risque permanent d'une chute, la menace insidieuse d'une déchéance.

L'année suivante, paraît l'ouvrage intitulé *L'Expression des émotions chez l'homme et les animaux* qui prolonge les aperçus contenus dans le précédent ainsi que dans le chapitre « Instinct » de *L'Origine des espèces* (1859). Le livre s'appuie sur une philosophie de la continuité : Charles Darwin nie toute différence qualitative, d'essence, entre l'homme et les animaux, même si le nombre de ses instincts apparaît très inférieur aux leurs.

Mais Charles Darwin fait un pas de plus, qui va s'avérer lourd de conséquences. Il affirme que toute la gamme des capacités de connaissance dont dispose l'homme se trouve déjà présente chez les animaux : la mémoire, mais aussi l'abstraction, la capacité d'avoir des idées générales, le sens du beau, la conscience de soi — du moins à l'état embryonnaire. S'il note évidemment l'absence chez eux du langage, elle ne lui paraît pas manifester une discontinuité réelle. Il conclut : « Si grande que soit la différence entre l'esprit de l'homme et celui des animaux les plus élevés, c'est seulement une différence de degré, et non pas de qualité. »

Georges Canguilhem a très justement fait remarquer naguère que la « psychologie » darwinienne des animaux ne s'avère guère différente de celle que Michel de Montaigne et les auteurs de l'Antiquité leur attribuaient avec plus ou moins de fantaisie. Conclusion : « l'anthropocentrisme est plus aisé à rejeter que l'anthropomorphisme ». Plus exactement, Charles Darwin pour rejeter l'anthropocentrisme a dû payer le prix d'un anthropomorphisme renouvelé.

L'extrême intérêt des recherches de Boris Cyrulnik tient d'abord à ce qu'elles s'emparent précisément de cette question et donnent à la pensée les moyens de résister à sa pente anthropomorphiste; elles achèvent sur ce terrain la révolution darwinienne. Rien d'étonnant à ce qu'elles puissent se coordonner fructueusement à quelques autres de ses prolongements directs ou indirects (en éthologie animale, en psychologie de l'enfant, mais aussi en embryologie et dans les neurosciences...). Elles introduisent une nouvelle découpe du savoir, en faisant surgir le champ jusqu'ici inexploré de l' « éthologie humaine ». Par une véritable onde de choc, elles commencent à bousculer bien des idées reçues et à déranger les certitudes de quelques disciplines connexes comme la psychologie, l'anthropologie ou même la sociologie.

L'histoire qui commence avec Charles Darwin, marquée par la contradiction qu'on vient de rappeler, ouvre plusieurs lignes de recherches. La plus importante est la constitution de l'éthologie qu'on devra désormais qualifier d' « animale », dont on date ordinairement les premiers pas d'un article publié en 1910 par le zoologiste allemand Oskar Heinroth. Étudiant le comportement des animaux, spécialement des canards, en milieu naturel, il signale l'existence de « comportements moteurs » tout aussi spécifiques d'un groupe donné que n'importe quel caractère physique. De plus, il lui apparaît que ces comportements se modifient moins rapidement au cours de l'évolution que la plupart des caractères morphologiques.

Konrad Lorenz (1903-1989) se référera à cet article pour désigner cette « forme fixe » comme « pattern inné de comportement ». Il ouvrait ainsi la voie à l'immense accumulation d'observations qui s'est accomplie depuis un demi-siècle : outre Konrad Lorenz qui obtiendra le prix Nobel en 1973, Irenäus Eibl-Eibesfelt, Nikolaas Tinbergen et Desmond Morris ont illustré cette discipline fascinante aux yeux du grand public.

Mais, ainsi que Boris Cyrulnik le fait remarquer, le terme rapidement substantivé d' « inné » (et son répondant : l' « acquis ») a engagé bien des « penseurs » dans un « cul-de-sac » métaphysique dès lors qu'ils ont voulu exploiter les résultats obtenus par certains chercheurs pour les extrapoler de l'animal à l'homme, par une manière d'anthropomorphisme à rebours, trop respectueux de la « continuité » darwinienne. Alors que Charles Darwin se risquait à humaniser l'animal contre la tradition dominante, ces « penseurs » se sont appliqués à animaliser l'homme. Ce défaut de pensée s'est avéré d'autant plus grave qu'au même moment se constituait une génétique moléculaire qui a pu donner crédit à l'idée que l'on pourrait assigner à des « gènes » déterminés, un à un identifiables, la commande de tel ou tel comportement humain. L'éthologie animale se trouva ainsi enrôlée, à la fin des années 1960, au service de la

« sociobiologie » inventée par le grand zoologiste de Harvard E.O. Wilson et par R. Dawkins. Le comportement humain apparut réglé par une « machinerie » de gènes selon un déterminisme aussi strict que celui qui était supposé gouverner la vie des abeilles et des babouins. L'anthropomorphisme se fit alors génétique, ou, si l'on veut, moléculaire ; on en vint à parler de gènes « altruistes » ou « égoïstes ». Si l'on considère la voie où travaille la sélection naturelle, n'hésitait pas à écrire R. Dawkins, « il semble s'ensuivre que tout ce qui a ainsi évolué doit être égoïste ». Les valeurs individualistes de la société américaine recevaient ainsi une consécration scientifique nimbée du mystère d'une intériorité secrète ! Stephen Jay Gould a montré le racisme, ouvert ou latent, vers lequel basculaient certains de ces théoriciens, même à leur corps défendant, dès lors qu'ils avançaient sans l'ombre d'une preuve et au prix de simplifications manifestes l'idée qu'il pût exister un supposé gène de l'intelligence ou encore un gène de l'homosexualité, de la criminalité ou de la schizophrénie. On comprend le succès foudroyant d'une discipline qui, pour finir, proposait de « retirer la morale aux philosophes pour la biologiser ». On conçoit aussi que, par réaction, certain moralisme puritain porté par le fondamentalisme protestant ait pu s'en prendre avec quelque succès au « darwinisme », ainsi caricaturé, dès le début des années 1980.

Le matérialisme affiché de la sociobiologie s'inscrivait bien, en un sens, dans le prolongement de la pensée darwinienne, mais E.O. Wilson, quel que fût le grand intérêt de ses recherches, en venait à l'interpréter dans un sens réductionniste extrême et faisait silence sur l'ignorance réelle qui persistait quant au rôle des gènes dans la détermination des comportements aussi bien chez l'animal que chez l'homme. Il exploitait les recherches en éthologie pour mieux escamoter les réalités complexes du développement de chaque forme vivante ; le poids de l'épigenèse se trouvait par principe tenu pour négligeable.

L'éthologie humaine, rejoignant les résultats des études actuelles sur le développement du système nerveux telles qu'Alain Prochiantz les a exposées dans *La Construction du cerveau* (1989), centre au contraire ses analyses sur ces réalités. Elle fait retour, pour ce qui est de l'observation des animaux, aux préceptes « objectivistes » du fondateur de la psychologie animale, Lloyd-Morgan, et à l'inspiration originale de Konrad Lorenz et de Nikolaas Tinbergen. Mais ses travaux empruntent une deuxième voie, laquelle s'inscrit, elle aussi, dans le prolongement de l'œuvre darwinienne.

Cette voie fut ouverte par Charles Darwin lui-même avec la publication en 1877 de *A Biographical Sketch of an Infant*, ouvrage constitué du matériau

accumulé depuis 1837 en vue d'une « Histoire naturelle des nourrissons » dont son premier-né, William,
fut le premier objet. Charles Darwin y retrace l'évolution de plusieurs émotions comme la colère, la peur,
le plaisir et le dégoût ; mais il s'intéresse tout particulièrement à l'apparition et au développement du
langage, aux manifestations préverbales du bébé.

Il avait été, à vrai dire, publiquement devancé
dès 1871 par l'un des disciples les plus en vue de
Herbert Spencer (1820-1903), l'Américain John
Fiske (1842-1901) dans *The Meaning of Infancy*.
John Fiske y faisait une étude comparative de
l'enfance dans la phylogenèse et distinguait les animaux selon qu'ils sont achevés dès la naissance (ceux
qui naissent « tous grandis », selon la poétique
expression de Jean-Jacques Rousseau dans le *Discours
sur l'origine de l'inégalité parmi les hommes*) ou qu'ils
doivent au contraire passer par une période de maturation préalable à l'exercice de leurs fonctions. Seuls
les animaux « supérieurs » ont une enfance, expliquait John Fiske, et cela s'affirme comme un résultat
de l'évolution. Cet inachèvement se trouve particulièrement marqué chez l'homme, qui apparaît
comme le vivant dont l'enfance est la plus longue
lorsqu'on la compare à la durée totale de son développement. D'où une incidence décisive sur l'organisation de son comportement : qu'il « demande pour
un temps surveillance et aide ». John Fiske voit, de

surcroît, dans cet inachèvement un facteur d'évolution : l'existence nécessaire d'une famille pour protéger le petit explique, selon lui, par cette épigenèse
prolongée, la transformation du cerveau de l'homme
et la distance qui s'est psychologiquement creusée
entre le chimpanzé et lui, alors qu'elle est zoologique-
ment minime.

Quoi qu'il en soit du rapport encore énig-
matique et marqué de fantasmes entre taille du cerveau et intelligence, les travaux de Henri Wallon
(1879-1962) comme ceux de Jean Piaget (1896-
1980) et de son école sur le développement de
l'enfant ont donné expérimentalement raison à cette
œuvre de pionnier. Mais ce ne fut qu'en s'écartant
d'autres descendants de Charles Darwin qui, comme
le psychologue américain James Baldwin (1861-
1934) dans son célèbre *Mental Development in the
Child and the Race*, se fondant sur l'œuvre du grand
naturaliste allemand, militant évolutionniste, Ernst
Haeckel (1834-1919), voulaient voir dans le développement de l'enfant une « récapitulation des phases
reconnues dans le développement des séries animales ». Au cours de son développement, le petit
d'homme devait, selon lui, passer en accéléré par
toutes les formes adultes qu'avaient connues ses
ancêtres. Cet « évolutionnisme » finalisé réinstallait
ainsi un sens rigidement prédéterminé dans l'ontoge-

nèse de l'être humain. Et l'on vit du même coup resurgir dans son sillage l'animalité au cœur de la folie, quoique en un sens nouveau : comme l'essence même de la « maladie » d'un fou désormais considéré comme un patient victime d'un « arrêt » ou d'une « régression » dans le processus d'un développement « normal ». Il arrivera même à Sigmund Freud de céder à l'occasion aux charmes de ce schéma pseudo-darwinien.

Refusant l'anthropomorphisme autant que l'anthropocentrisme et s'installant à la croisée des voies de recherche que dégage ce double refus, la pensée de l'éthologie humaine, que promeut Boris Cyrulnik, se soumet délibérément à une tension interne qui s'avère extrêmement féconde. La voici en effet contrainte, par l'accent qu'elle met sur l'épigenèse spécifique à l'être humain, d'affronter la question du « sens », la croix des linguistes. Mais loin de s'engager sur la voie d'une quelconque sémantique formelle, où elle s'exposerait en vain à devoir réaliser la « quadrature sur sens », elle s'en tient à son point de vue « développementaliste »; d'où son intérêt comparatiste pour l'étholinguistique. Pour les mêmes raisons, elle doit se pencher avec attention sur les « accidents » qui affectent chez l'homme la naissance du sens. Bien des tragédies interdisent aux petits êtres humains l'accès à l'« aventure de la parole »! Elle a donc recours aux leçons de la psychiatrie ; laquelle, puisqu'il s'agit de travailler à la couture du signifiant et du corps, ne peut manquer de rencontrer une certaine psychanalyse. Elle sonne le glas du béhaviorisme qui avait connu avec la sociobiologie un regain de vigueur et qui reste si puissant dans les institutions où ces psychologues ont professionnellement à dire leur mot. Nul, décidément, n'expliquera jamais le comportement humain par un schéma qui le réduirait à un jeu de « stimulus-réponse » ! Bien des animaux même, on va le voir, brouillent déjà considérablement ce pauvre petit jeu dès leurs plus simples activités perceptives.

Je laisse maintenant au lecteur le plaisir de lire un texte dont l'humour — ce jeu du sens avec lui-même pour le plaisir d'une liberté conquise — apparaît, à fleur d'écriture, comme la marque discrète de son caractère philosophique. Il pourra y entendre l'écho, amplifié par des observations concrètes parfois stupéfiantes, souvent poignantes, toujours déroutantes, de l'un de ces aphorismes baroques dont Ludwig Wittgenstein avait le secret : « Si un lion pouvait parler, nous ne le comprendrions pas. »

Dominique LECOURT

I

DE L'ANIMAL À L'HOMME

Un monde de chien

Mon chien et moi, nous possédons une armoire Louis XIII. Elle se trouve installée dans la salle à manger. Massive, lourde, sombre, austère et majestueuse. Je comprends bien pourquoi il s'applique à l'éviter, à la contourner. Sa géométrie est dissuasive, il ne fait pas bon s'y cogner! Pourtant, c'est pure illusion, mon chien n'a jamais vu cette armoire Louis XIII; il ne verra jamais d'armoire Louis XIII, pas plus que de fauteuils Louis-Philippe ou de bureaux Directoire... Qui serait Louis XIII pour un chien? Et cette armoire, « mon » armoire : celle qui me vient de la famille de ma femme, que sa tante lui a, un beau jour, donnée en précisant bien, l'air entendu, que c'était un meuble « d'époque », pièce précieuse d'un patrimoine qu'il a fallu transporter, je m'en souviens, avec d'infinies précautions... Non, cette armoire-là, mon chien ne l'a jamais rencontrée, car elle est infiltrée de paroles, marquée de sentiments, silencieusement

porteuse de toute une histoire qui lui restera toujours étrangère.

Cette « chose », en tant qu'elle occupe une place
dans « mon » monde, m'apparaît comme un
« objet » de ce monde : une réalité qui ne se trouve
pas seulement située dans l'espace-temps physique
que je partage effectivement avec mon chien, mais
ancrée dans de multiples réseaux de sens, traversée de
flux de significations qui lui confèrent à nos yeux
sa consistance, celle de « notre » chère armoire
Louis XIII. Dira-t-on alors que mon chien se conten-
terait de percevoir la « chose » comme telle, la
« chose en soi », qu'il buterait sur son existence brute,
qu'il se heurterait à son être physique « pur » : sa
forme imposante, son volume, sa densité, ses proprié-
tés neutres. Voilà de l'anthropocentrisme qui tourne à
l'anthroposnobisme! Pourquoi son « monde », parce
qu'il s'avère dénué des significations qui donnent
forme, substance et saveur au mien, à celui de ma
femme et de sa tante, à celui aussi des amis qui me
rendent visite, se déploierait-il dans un désert de sens?
Mais comment s'assurer du contraire? Pourrais-je abo-
lir en moi toute humanité au point de me faire chien
ou, par manière de communion, « esprit de chien »?
Sans doute est-il impossible de m'installer par l'imagi-
nation dans une vision canine du monde; mais je puis à
tout le moins effectuer sur les choses quelques manipu-
lations simples qui prouveront que ce monde de chien

n'est, pas plus que le mien, réductible à l'univers physique. Ce monde lui apparaît également rempli d' « objets », mais ce sont des « objets de chien ». Il suffit par exemple que je place un morceau de viande dans mon armoire Louis XIII : au lieu de la contourner, mon chien va l'assaillir, il va japper devant, saliver, grogner, aboyer ; le meuble aura perdu sa neutralité apparente, il sera devenu, pour lui, obstacle signifiant, quoique ce sens adhère encore de très près à la stimulation biologique.

Ainsi se présente le « monde » des animaux, déjà transi de sens, même si ce sens n'est pas le nôtre. Les observations des éthologues s'inscrivent en faux contre les conceptions de philosophes et de psychologues qui ne veulent voir dans les animaux que de pauvres machines livrées à la loi d'airain du « stimulus-réponse ». Dès qu'il perçoit, l'animal confère du sens aux choses qui constituent son monde. Sur l'univers physique, il prélève un matériau à partir duquel il construit ses « objets » propres.

Prenons l'exemple de l'activité sensorielle qui se trouve avoir la plus mauvaise réputation, celle qui passe pour la plus brute : l'olfaction. Les mammifères en sont les champions, à l'exception de l'homme, véritable infirme parmi eux, qui la méprise Peut-être pour mieux creuser la distance, si incertaine mais si décisive, qui le sépare de ses proches cousins, les primates non humains ?

Regardons un papillon : jusqu'à onze kilomètres de distance, la présence d'une femelle sexuellement réceptive se signalera à lui ! Et voici pourtant le mâle qui vole au rendez-vous ! On sait aujourd'hui très bien expliquer cet apparent prodige amoureux : la femelle émet des phéromones, des molécules olfactives sécrétées par des glandes exocrines. Le récepteur de ces hormones au lieu de se trouver dans l'individu lui-même, comme lorsqu'il s'agit par exemple des hormones de la croissance, se trouve situé dans un autre organisme ; en l'occurrence chez le papillon mâle qui perçoit la présence de la molécule par ses antennes. Il procède alors à un mouvement de balayage de l'espace ; deux ou trois balancements lui suffisent pour recueillir et préciser l'information. Il prend le cap et finit par tomber directement sur la femelle adéquate ! On peut observer le même processus chez le requin pour la gustation. Mettez une goutte de sang dans la mer, le sang va se diluer. Le requin dispose d'un système de radar ultra-sensible qui lui permet de détecter la présence de sang à des concentrations extraordinairement faibles : une molécule par mètre cube d'eau ! Lui aussi, très rapidement, arrive à la source de l'information reçue. Toutefois, le lecteur voudra bien par prudence ne pas confondre un requin avec un papillon.

Pour ce qui est de l'ouïe, voyez les oiseaux. Ils sont capables de performances sonores étonnantes.

Lorsqu'on procède à l'enregistrement et à l'analyse de leurs cris, on établit des « sonogrammes » qui font apparaître le tracé des hautes et basses fréquences; on voit alors sur la feuille se dessiner de véritables structures de cris, avec des séquences bien découpées; on voit ainsi s'effectuer d'extraordinaires synchronisations entre les oiseaux qui se répondent. Mais le plus remarquable, c'est qu'une partie du cri caractérise chaque espèce : elle en représente la signature sonore. Et les individus de l'espèce en question reconnaissent ce cri sans la moindre hésitation. Chacun peut assurément entourer cette structure de quelques variations « personnelles », mais jamais ces écarts ne pourront faire entorse à la partie du cri qui se trouve génétiquement programmée. Les observations que j'ai pu faire et refaire avec mes étudiants sur les goélands de Porquerolles nous ont beaucoup appris : les goélands perçoivent de véritables organisations sonores qui provoquent des comportements différents : cris d'appel, cris de triomphe, cris d'alarme, cris de parade... La perception du goéland ne correspond pas à l'idée d'une pure réception d'informations, elle apparaît finement structurée et activement structurante. Elle manifeste l'existence d'une véritable sémiotique où s'articulent aux signaux sonores et visuels des signaux gestuels et spatiaux. Lorsque les goélands anglais débarquent à Hendaye, aucun de leurs congénères français de Porquerolles n'ira se mêler à eux... L'idée

d'une perception qui soit simplement « réceptive »,
passive, ne permet pas de rendre compte de tels phé-
nomènes.

Mais venons-en au plus « noble » des sens, celui
de la vision. Les oiseaux ici remportent la palme, sans
aucune contestation possible. Mais il ne faut pas se
contenter de s'émerveiller devant leur prodigieuse
acuité visuelle. Une observation classique de Nikolaas
Tinbergen, prix Nobel 1973, sur les « leurres » de
goélands a permis d'analyser beaucoup plus finement
leur perception. Le célèbre éthologue avait constaté
que le petit goéland, dès qu'il a frotté la face interne
de l'œuf pour le briser et en sortir encore tout titu-
bant, s'oriente immanquablement vers un goéland
adulte et vient taper du bec la tache rouge qui se
trouve située à la racine de sa mandibule inférieure.
Étrange et mystérieux rituel! Nikolaas Tinbergen
s'était mis en devoir de construire un leurre de goéland en carton reproduisant l'image complète de
l'oiseau. Et il avait constaté que le petit venait tout
aussi sûrement taper le leurre sur la tache rouge qu'il
y avait peinte. Magnifique cas qui semblait militer en
faveur de l' « innéité » de ce comportement, puisque
aucun apprentissage n'avait pu précéder ce mouvement spontané.

La période sensible

On s'est interrogé sur la méthode de Nikolaas Tinbergen. Reproduire aussi fidèlement que possible, avec ciseaux, carton, pinceaux et couleurs, l'image du goéland, n'était-ce pas se donner bien de la peine inutile? Cela ne revenait-il pas en effet à présupposer que la perception de l'oiseau fût identique à celle que nous en avons dans notre monde d'êtres humains? Un goéland vu par un goéland n'avait-il pas toute chance d'être très différent d'un goéland vu par un homme? À partir de cette hypothèse, nous avons bâti une autre expérience, techniquement plus simple, qui permet de tirer des conclusions bien différentes. Au lieu de nous appliquer à reproduire scrupuleusement l'image humaine du goéland, nous nous sommes contentés de prendre des baguettes de bois et des morceaux de carton sur lesquels nous avons fait des taches rondes de couleurs différentes. Ainsi nous avons pu repérer ce qui stimule en réalité le petit goéland : un agencement déterminé de couleurs. Restait à faire des comparaisons. Lorsqu'on associe du gris et du noir, seul un petit nombre d'entre eux viennent taper du bec; c'est déjà mieux avec du bleu et du vert; beaucoup mieux avec du rouge et du noir. On atteint 90 % de réussite avec du jaune et du rouge, les couleurs « réelles » présentées par le goéland adulte.

Voilà qui prouve que le « stimulus » n'est pas simple; la réponse du petit goéland ne s'avère

nullement « montée », prédéterminée comme un
réflexe, puisque sa réponse peut varier et que, même
dans le cas le plus parfait, 10 % des oiseaux peuvent
se dérober à la stimulation. Ce qui le stimule, c'est
une forme colorée ; or cela suppose déjà, au plus près
du biologique, une « interprétation » témoignant
d'un premier degré de liberté par rapport à l'immédiateté des stimulations parvenant du monde extérieur ; une « interprétation », donc aussi des variantes
et... des erreurs.

Observons un animal réputé plus « intelligent » ; on verra s'amplifier cet « échappement » par
rapport aux contraintes du milieu. Une observation
ingénieuse a pu en effet être menée sur des macaques
dans une singerie de grande taille organisée pour
offrir un simulacre du milieu naturel. On y place une
couronne d'écrans de cinéma, sur lesquels on projette
des visages de singes, mâles, femelles, jeunes et
vieux... Les macaques se trouvent enfermés dans une
cage et voient défiler ces visages. Lorsqu'on les lâche,
ils se dirigent vers les écrans. Des grains de raisin sec
ont été disposés sous le visage d'une femelle mère à
titre de récompense. Très rapidement les macaques
apprennent à se diriger vers ce visage « intéressant ».
On remplace alors ce visage par celui de l'un de ses
enfants. On constate que les macaques s'orientent très
vite vers lui : ils reconnaissent donc le lien entre la

mère et l'enfant; ils se révèlent ainsi capables de percevoir une ressemblance familiale ou une structure affective! Dans ce cas, on est loin, très loin de la simple « stimulation » physique. La perception des macaques se trouve structurée, abstraitement, par un sens déjà très élaboré. Je propose de parler d' « intelligence perceptuelle » pour désigner cette activité de sélection et d'interprétation qui marque déjà la réception des stimulations sensorielles effectuée par des animaux. Lesdites stimulations ne consistent pas en données « brutes »; il n'y a là aucune information « en soi ».

La meilleure preuve qu'on puisse en apporter réside dans un phénomène aujourd'hui très connu, parce qu'il a été minutieusement étudié par les pionniers de l'éthologie animale. Je veux parler de la fameuse « imprégnation », laquelle révèle qu'une même information peut prendre, selon le moment du développement de l'organisme qui la reçoit, une valeur hypermarquante ou, au contraire, tout à fait nulle.

L'expérience la plus simple, et la plus célèbre, a été montée par Konrad Lorenz qui montrait comment un caneton peut s'attacher à n'importe quel objet qui vient à se mouvoir dans son champ visuel, pourvu que son passage se situe dans la période qui va de la treizième heure après la naissance à la seizième. Avant la treizième heure, le caneton se déplace au hasard ; il n'est susceptible de s'attacher à aucun objet. Après la dix-septième heure, il s'attachera de moins en moins. Mais pendant la période intermédiaire, que l'on appelle « période sensible », on le voit s'attacher, dans 90 % des cas, à tout objet qui se présente. Le caneton suit l'objet, se blottit contre lui pour dormir ; il ne s'en éloigne plus, et il n'explorera son monde qu'à proximité de « son » objet. On dit que l'objet s'est « imprégné » dans le caneton. Et l'on constate qu'il aura désormais une fonction tranquillisante : l'animal se familiarisera avec son monde de canard en s'appuyant sur lui. Enlevez-lui son objet chéri, et votre caneton présentera tous les signes du « stress », comme éperdu et totalement démuni dans un univers sans objet. Il suffit d'un instant, et il se met à courir en tous sens ; il se cogne, il se blesse, il cesse de manger et de boire, il ne peut plus dormir. Toute stimulation ne fait qu'augmenter son stress.

On peut dire aujourd'hui que Konrad Lorenz a eu la main heureuse : le canard apparaît en effet comme l'espèce qui s'imprègne le mieux. Cependant, on a pu montrer, depuis ces mémorables travaux, que cette « période sensible » ne représentait en réalité qu'une période de réceptivité maximale, dont on peut faire varier expérimentalement la durée. En isolant le caneton on le rend hypersensible, si bien qu'on peut l'imprégner un peu avant la treizième heure ; si on le sur-stimule avant la période sensible, il est possible d'atténuer l'imprégnation et de la prolonger un peu au-delà de la dix-septième heure. Le processus n'a donc pas tout à fait la rigidité que lui avait attribuée Konrad Lorenz ; il reste cependant très bien défini. On s'interrogera : quel est cet « objet » auquel s'attache le caneton ? N'importe lequel ! Ce peut être une lampe, un autre caneton ou encore la main de l'éthologue lui-même... L'expérience a été répétée sur des chatons ou sur des chiots : eux aussi sont susceptibles d' « empreintes », mais la durée de la période sensible s'allonge considérablement. On l'évalue à cinq semaines environ chez le chien, à plusieurs mois chez les primates... Je ne parle pas de l'homme pour l'instant, mais j'y viendrai.

Les éthologues doivent donc se garder de tenir le monde animal pour un monde physico-chimique, mais au contraire tenter, par observations dirigées et comparaisons, d'y repérer le sens qui y circule déjà. Il leur faut cependant éviter un autre piège symétrique et inverse, bien plus répandu, populaire et redoutable : le piège anthropomorphique qui nous amène « spontanément » à interpréter le comportement animal en termes humains.

Ce défaut de pensée est d'autant plus insidieux qu'il nous saisit par l'une de nos faiblesses les mieux avérées : l'émotion que nous ressentons à la perception de l'autre. Prenons le cas, si familier, du chat. Vous le voyez se frotter contre les objets, puis ondoyer amoureusement contre votre jambe. Comment éviter de le trouver adorable de venir ainsi, de sa fourrure, vous témoigner son affection? Pourtant, la réalité n'a rien à voir avec les sentiments que vous projetez sur elle. Le fourbe porte une glande olfactive sur la partie externe de sa bouche : en se frottant, il vous marque à son odeur et ainsi procède méthodiquement à la construction de son monde familier. Désormais ainsi marqué, ce monde où il vous installe à votre insu ne l'angoissera plus, il pourra y vivre en sécurité. Ce n'est donc pas pour vous faire plaisir qu'il vient se frotter; il s'assure, très « égoïstement », de son propre confort affectif !

Voici une expérience déjà plus sophistiquée qui fait apparaître le même piège. À la naissance, on partage une population de chiots en deux lots. Les uns seront séparés précocement de leur mère, les autres seront élevés dans les conditions habituelles. Vers le troisième ou le cinquième mois, on fait entrer une cohorte de psychologues dans le couloir du laboratoire; puis on lâche les chiots. On avertit les psychologues que certains de ces chiots ont grandi dans une situation de carence affective qu'on leur décrit avec les mots appropriés; puis on leur demande d'identifier les uns et les autres. Les psychologues sont alors unanimes, et ils se trompent tous : pour eux, les chiots

« bien élevés » sont ceux qui se précipitent sur eux pour leur faire fête, les lécher et les entourer, témoignant, à leurs yeux, de leur joie de vivre. Mais c'est au contraire les chiots vulnérables affectivement qui courent vers les psychologues pour satisfaire leur avidité affective et familiariser le milieu qui s'ouvre à eux pour la première fois, tandis que les chiots « bien élevés » perçoivent les nouveaux venus comme des étrangers dans un monde déjà familiarisé par leur mère. Ils adoptent alors un comportement ambivalent : intéressés, ils s'approchent ; craintifs, ils freinent des pattes avant. Posture d'asociabilité, diagnostiquent imperturbablement les psychologues !

Pourquoi se trompent-ils ? Parce qu'ils ont projeté sur les chiots la gratification affective qu'ils ressentaient eux-mêmes devant cette fête ! Certains éleveurs connaissent au demeurant très bien la force de ce malentendu. Les moins scrupuleux d'entre eux l'utilisent à leur profit pour accrocher le client : ils isolent des chatons et les rendent méthodiquement vulnérables. L'acheteur qui se présente se trouve alors séduit par l'enthousiasme dont il est l'objet ; il emporte sans hésiter un animal affectivement fragile.

L'anthropomorphisme emprunte cependant souvent des voies moins directement affectives. Il peut s'agir d'analogies erronées, parce qu'irréfléchies, bien que l'affectivité n'en soit pas tout à fait absente, comme on va le voir. Revenons aux chats; ou, plus exactement, à la fameuse « toilette » des chatons par leur mère à la naissance. Qu'y a-t-il de plus émouvant que la première toilette d'un nouveau-né? On s'extasie, on s'attendrit devant ces soins méticuleux et patients. La chatte prend ainsi figure de la bonne mère, aimante et attentive! Le malheur pour cette scène édifiante, c'est que la mère ne « lave » nullement son petit; nous, êtres humains, avons inventé le mythe de la « toilette du chat ». La mère marque en fait son enfant à son odeur; c'est le cas de dire qu'elle se le rend « familier ». La preuve : si on l'empêche de le lécher dès la naissance, elle le considère comme étranger. Et cette excellente mère en vient à le manger...

Humour (involontaire?) d'éthologues : on a fait les mêmes observations sur ces friandises pour chats que sont les rates, lesquelles ont l'habitude lorsqu'elles accouchent de se « toiletter » aussitôt. Si l'on a l'idée ingénieuse de les affubler d'un « tutu », on ne les transforme pas en danseuses étoiles, mais on bloque l'enchaînement naturel des séquences comportementales qui mène à la prétendue toilette : la mère ne pourra marquer ses petits à son odeur. Elle les dévorera donc.

Autre variante : si l'on bouche les narines d'une brebis, ou si l'on badigeonne son petit en l'imprégnant d'une odeur non familiarisée, on obtient le même résultat. La brebis, il est vrai, ne mange pas l'agneau, mais, le considérant comme un étranger, elle le chasse sans ménagements!

L'illusion anthropomorphique n'affecte pas seulement notre interprétation du comportement animal, elle imprègne, si je puis dire, notre propre comportement vis-à-vis des animaux.

Que l'on songe, par exemple, aux erreurs commises par tous ceux qui essaient de photographier ou de filmer des oiseaux. Que de pellicule gâchée! Ils « oublient » tout simplement que les yeux de ces animaux ne sont pas frontalisés, et que par conséquent pour nous regarder ils doivent tourner la tête. Et s'il leur arrive de nous fixer, face à face, c'est le signe qu'ils vont s'enfuir ou attaquer parce qu'ils ont peur. Si donc vous braquez l'œil d'une caméra de face, ils interprètent cela comme un comportement agressif, et s'envolent! D'où tous ces clichés confus d'envols précipités, œuvres d'éthologues en (mauvaise) herbe et de touristes mal renseignés...

Les primatologues, les vétérinaires, les dompteurs et les toreros ont fait, en professionnels, des observations analogues sur la conduite à tenir vis-à-vis des mammifères. Lorsque, par exemple, on regarde un chien de face, on provoque chez lui une forte émotion; il se méfie. Et le malentendu se prolonge, car, pour atténuer son émotion, le chien va retrousser

légèrement les babines, coucher un peu les oreilles.
L'homme s'empresse d'interpréter cette modification
du visage de l'animal — les vétérinaires parlent du
« visage » des chiens — comme une manière de sourire... À supposer que cela en soit un, ils ne s'inter-
rogent pas sur la signification du sourire, lequel, chez
l'homme, ne renvoie pas aux mêmes sentiments selon
qu'on se trouve en Europe ou en Asie. Sans sourciller,
nos amis européens des bêtes attribuent de toute
bonne foi un sourire occidental à leurs chiens!

Avec les primates supérieurs non humains, les
contresens sont moins flagrants et plus rares parce que
la musculature, la position et les mouvements des
yeux sont plus proches des nôtres. Il n'est pourtant
pas facile d'approcher un singe. Les primatologues
nous ont appris que, pour se faire admettre dans le
cercle des gorilles, il fallait d'abord s'asseoir puis, si
possible, manger, mâcher un brin d'herbe par
exemple, et ne les regarder que de côté tout en se
déplaçant légèrement. Ils savent que fixer un primate
de face dans les yeux déclenche, chez lui aussi, une
insoutenable émotion proche de la sensation d'agression. J'y vois une preuve supplémentaire, s'il en était
besoin, de l'existence chez les animaux d'une pensée
perceptuelle; laquelle se manifeste ensuite, dans le cas
qui nous occupe, par une série de mimiques destinées
à apaiser l'émotion : le singe ouvrira la bouche en
cachant ses dents, s'accroupira, exposera son arrière-

train ou fera une offrande alimentaire paumes en l'air. Bref, il aura recours à un véritable rituel d'apaisement.

La belle et les bêtes

J'ai eu la chance de faire, il y a quelques années, une observation qui confirme les résultats de l'ensemble de ces travaux. J'avais amené des enfants dans l'enclos des biches d'un parc zoologique à Toulon, et j'avais entrepris de mesurer la distance de fuite de l'animal tout en filmant la scène afin d'analyser, sur le ralenti, ce qui déclenchait la fuite. Parmi ces enfants, certains étaient psychotiques. Or nous avons eu la surprise de faire cette découverte d'abord chargée de mystère : les biches se laissaient facilement approcher par les enfants psychotiques alors que les autres leur faisaient très peur! Nous avons même vu une petite fille trisomique, élevée en milieu psychiatrique parce qu'elle avait été abandonnée, se serrer contre une biche qui l'avait laissée venir à elle sans bouger le moins du monde. La même biche, quand approchait un enfant « normal », sursautait dès qu'il se trouvait à trois mètres d'elle et s'enfuyait à grande allure.

Nos films, analysés au ralenti, nous ont permis de comprendre ce qui se passait. Les enfants psychotiques, perdus en eux-mêmes, évitent le regard, souvent marchent de côté et se déplacent doucement! Et voilà pourquoi, du fait même de leur maladie, ils ne font pas peur aux biches. Les autres enfants, au contraire, on le voyait fort bien sur la cassette, regardaient les biches de face, leur souriaient, donc montraient leurs dents, et levaient la main pour les caresser; puis ils se précipitaient vers elles avec affection et enthousiasme. Autant d'indices d'agression dans un monde de biches! J'ai eu l'occasion de refaire une expérience de même type avec deux chiens et deux enfants dont une petite fille née d'inceste, une enfant « sauvage ». L'enfant familiarisée veut jouer avec les chiens et s'empare de la gamelle dans laquelle ils sont en train de manger. Les chiens grondent et menacent. L'enfant prend peur et recule; elle a fort bien compris le « message ». Mais la petite fille « sauvage » s'approche, entre dans la niche des chiens, se couche et leur vole la gamelle. Et les chiens se laissent faire! Ici encore, si l'on repasse les images au magnétoscope, on voit très bien que l'enfant « sauvage », à la différence de sa compagne, évite le regard des chiens; elle ne se déplace qu'à quatre pattes — ainsi qu'on a vu récemment les petits orphelins roumains le faire —, elle pousse les chiens en appuyant la tête sur leur arrière-train : comme le font les chiots qui bloquent ainsi l'agressivité des chiens adultes.

Cette petite fille nous a permis d'illustrer comment l'éthologie humaine pourrait prendre forme. L'existence crée parfois de terribles expérimentations naturelles que nous ne pouvons observer dans les conditions habituelles de vie. Pour peu que la méthode d'observation soit simple et claire, l'objet de signes ainsi décrit est pour nous, cliniciens, bien plus stimulant que certains objets de laboratoires, trop épurés, trop artificiels.

Laura est née d'un inceste. Son père-grand-père a voulu la garder, car il la considérait comme une enfant de l'amour. Sa mère, âgée de quinze ans, hébétée par l'angoisse au moment de la naissance, n'a pas eu la force de s'en occuper. Le bébé a donc survécu dans une situation familiale de privation affective. À l'âge de sept mois, il a fallu l'hospitaliser parce qu'elle se laissait mourir. La chaleur des infirmières et les stimulations ambiantes ont redonné vie à l'enfant. De retour dans sa famille, l'isolement presque total l'a fait rechuter. Finalement à l'âge de sept ans, elle a été placée dans une famille d'accueil.

Dès lors, chaque jour, elle a pu rencontrer ses parents d'accueil, les grands-parents, la fille de la maison, deux grands chiens, trois canards, sans compter les pigeons, les moineaux, les hérissons et tous les invités permanents de cette maison. Le samedi nous venions rendre visite à l'enfant pour l'observer dans ses conditions habituelles de vie.

Première surprise : elle marchait à quatre pattes, ou bien se déplaçait sur les fesses. Le fait d'avoir été élevée en isolement sensoriel l'avait privée du modèle de la station debout : elle n'avait pas pensé à tenter l'aventure de la bipédie. Un comportement moteur, apparemment aussi simple que la station debout, nécessitait quand même un modèle d'apprentissage!

C'est un mystère que l'homme marche sur ses membres postérieurs, car cela entraîne de nombreuses complications : varices, hémorroïdes, sciatiques, troubles digestifs, variations de tension. Dans une logique purement anatomique, nous devrions marcher à quatre pattes. Mais dans une logique humaine, ça paraîtrait curieux.

Le problème des origines est toujours fascinant. Qui a eu, le premier, l'idée de se dresser sur ses membres postérieurs? Et pourquoi? On peut jouer à faire des hypothèses : un jour, un homme a voulu observer au loin, au-dessus de la savane. Le simple fait de poser cette hypothèse implique que l'équipement sensoriel de l'homme était déjà performant dans le domaine de la vision et médiocre dans le domaine de l'olfaction. Si mon chien tentait l'aventure de la bipédie pour voir au-dessus de la savane, il diminuerait ses performances, car ses yeux lui permettent de percevoir un monde flou en couleurs pastel, alors que sa truffe au ras du sol lui permet de percevoir une « cartographie » olfactive rigoureuse. Il n'a donc aucun bénéfice adaptatif à marcher sur ses pattes postérieures.

Peut-être le premier homme a-t-il voulu libérer ses mains pour mieux porter des fruits ou des outils;

peut-être a-t-il souhaité impressionner ses congénères encore quadrupèdes?

Ces jeux intellectuels sur les commencements d'un comportement peuvent paraître banals. En fait, ils provoquent toujours des réactions violentes car les questions sur les origines font appel à des représentations religieuses et, dans ce domaine, tout désaccord mène à l'exclusion.

En revanche, tous les parents sont d'accord pour décrire la première tentative de marche de leurs bébés. Premier étonnement, cette prise de risque se passe dans la fête familiale, alors qu'un grand nombre de bobos, de fugues et de conflits découleront de cet apprentissage. Logiquement si l'on voulait protéger nos enfants, il faudrait leur interdire d'apprendre à marcher.

Par bonheur, la logique émotionnelle crée un champ de forces affectives qui va façonner le comportement du petit. D'abord il tente seul le redressement sur ses jambes : il pousse et se dresse pendant quelques secondes avant de vaciller et de retomber sur son amortisseur naturel : les fesses. L'évolution a bien fait les choses puisque l'homme est le seul être vivant à posséder ce double coussinet. Cette performance musculaire, d'abord solitaire, implique que le tout-petit sache prendre des risques et s'en amuse, malgré les coups et les bosses qui s'ensuivront. Cette érotisation de l'angoisse, ce plaisir solitaire, ce jeu avec la peur, sera amplifié par les réactions émotionnelles de l'entourage adulte. Alors le jeu exploratoire des capacités de son propre corps deviendra pour l'enfant un intense prétexte émotionnel. Comme si l'enfant pensait : il suffit que je pousse sur mes jambes pour provoquer une émotion intense, une fête gestuelle de cris et d'embrassades. Dès que mon entourage perçoit une poussée sur mes jambes, cet acte moteur devient un événement relationnel extraordinaire.

Bien sûr il s'agit d'une pensée sans paroles. On devrait plutôt dire, une représentation organisée à partir des perceptions de mon propre corps et des émotions issues de mon entourage.

Cette observation, d'une exceptionnelle banalité, signifie que, lorsqu'un enfant est privé d'entourage, la poussée sur les jambes reste un acte moteur et ne prend jamais de valeur relationnelle. Un enfant sans milieu humain n'attribuera jamais à cette poussée sur les jambes une fonction de relation. Il possède pourtant toutes les compétences pour marcher, mais privé de la force façonnante de l'émotion des autres, il ne tentera jamais la performance de la marche, dépourvue de sens, pour lui, dans ce contexte-là.

D'autres enfants tentent laborieusement l'aventure de la bipédie, parce que l'environnement absent, dépressif ou malade n'a pas la force vitale d'injecter de l'émotion dans cet acte moteur, le privant ainsi de signification. Parfois, c'est l'enfant lui-même qui n'ose pas tenter cette aventure parce que cette petite angoisse ne l'amuse pas. La prise de risque lui cause plus de frayeur que de plaisir. On observe alors qu'il a peur d'explorer d'autres aliments, de changer les jouets de place, ou de solliciter l'inconnu.

Très tôt après son accueil dans cette famille, Laura a tenté l'aventure de la marche debout. Elle a vacillé longtemps, elle a marché coudes au corps sans balancer les bras, et ses demi-tours ont été longtemps périlleux. Lorsque l'émotion du risque devenait trop forte, elle retrouvait la « marche assise », plus sécurisante. Mais dès que l'affection fournie par son milieu la stimulait à nouveau, Laura s'entraînait à marcher humainement.

L'observation de Laura m'a permis de comprendre que, s'il est indéniable que l'accès au langage crée un univers spécifiquement humain, il n'en est pas moins vrai que, avant de parler, l'univers humain se prépare par une foule d'aventures affectives, comme le face à face mère-enfant, l'apprentissage de la bipédie qui façonne nos fesses aussi sûrement que la parole façonne nos visages, créant ainsi les pré-requis anatomiques et affectifs de la parole.

Les dompteurs ont depuis longtemps trouvé empiriquement des méthodes d'approche qui reproduisent les « tactiques » que nous avons analysées. Il en va de même des toreros. Lorsque le taureau entre dans l'arène, il s'arrête, il explore. Il repère l'endroit d'où il est entré, donc l'endroit où il pourra trouver le plus de sécurité. Le torero le sait : s'il veut que le taureau combatte, il faut l'attirer hors de cette zone de protection. L'éthologie peut donner une explication rationnelle de son savoir-faire. Elle peut même rendre compte d'un certain nombre d'accidents imputables à de mauvais placements des personnes dans l'arène.

Nous en avons assez dit maintenant pour qu'on se défie autant, sinon plus, de l'anthropomorphisme que de l'anthropocentrisme. Le monde de l'animal n'apparaît nullement comme un monde dénué de sens : dès qu'il répond à une stimulation, l'animal, si peu que ce soit, échappe aux strictes contraintes du monde extérieur; un minimum de « sens » se manifeste, lequel peut se présenter, dans certains cas, comme déjà très élaboré. Mais jamais ce sens ne se présente comme un sens humain; si le donné se trouve bel et bien interprété, il l'est par rapport à un monde animal qui ne se trouve pas régi par le même jeu de significations que le nôtre.

Si l'on se garde de ces deux erreurs, un champ de questions nouvelles s'ouvre à l'investigation : les questions que pose aujourd'hui cette discipline nouvelle qu'est l' « éthologie humaine ». Il ne s'agit nullement d' « extrapoler », comme on pourrait le croire, du comportement animal à celui de l'homme, donc d'humaniser l'animal pour mieux animaliser l'homme. Il s'agit plutôt, au point de leur plus grande ressemblance, d'identifier la différence qui fait de l'homme une espèce à nulle autre pareille. L'idée n'est pourtant pas de marquer une « rupture »; elle n'est pas non plus de souligner une continuité. L'éthologie humaine déplace la question et vise à montrer comment, avec l'être humain, du fait de la parole, se gagne, dans la construction du sens, un nouveau degré de liberté par rapport aux contraintes immédiates imposées par le monde extérieur; sans pour autant perdre de vue ce fait notable : ce gain dans l'idéalité ne s'effectue que sur la base d'une élaboration de ses supports matériels, notamment neuro-biologiques, et grâce à l'utilisation d'autres éléments matériels, physiques, comme la sensorialité, du regard, des postures, des distances et des paroles.

II

LE POINTER DU DOIGT

Le premier mot

L'homme est doué de parole, voilà l'événement capital. Encore faut-il, pour en mesurer l'immense portée, l'envisager comme un événement, ou, si l'on veut, le considérer comme un avènement. L'éthologie apporte à cette étude la contribution des questions qu'elle élabore et des méthodes d'observation qui lui sont propres. Elle vient coopérer avec d'autres disciplines : linguistique, ethnologie, psychiatrie, psychanalyse, neurobiologie, psychologie de l'enfant...

Comment ne pas rester stupéfait devant l'extraordinaire rapidité avec laquelle tout enfant soudain, en quelques mois, va savoir parler ? On assiste à une brutale accélération d'un processus jusque-là très lent et chaotique en apparence, à une véritable explosion de langage verbal. Entre le vingtième et le trentième mois, sans le secours d'aucune école, le voici qui apprend les mots, l'accent, les règles, et même les exceptions aux règles. Aucun pédagogue, si doué soit-il, ne pourra plus par la suite lui faire accomplir une telle performance en si peu de temps! Songeons qu'en dix mois un enfant apprend plusieurs centaines de mots; mieux : que les mots sitôt appris, l'enfant se met à jouer avec eux et réussit très vite des « jeux de mots » porteurs parfois de pure poésie, de franche hilarité ou de brutale agressivité! Non seulement l'enfant comprend que le mot renvoie à la chose, mais il ne tarde pas à découvrir en plus que le mot peut renvoyer non à la chose directement, mais à un autre mot qui renvoie à la chose, et qu'on peut alors y trouver plaisir. Et l'adulte médusé s'aperçoit qu'un enfant de vingt mois peut avoir de l'humour, qu'il est capable, désinvolte, de tourner en ridicule la contrainte matérielle de la stimulation immédiate.

Il vaut la peine de s'interroger attentivement sur cet emballement, sur ce « miracle ». Une observation d'éthologie m'a permis d'en mieux discerner les mécanismes. Cette observation se déroule en plusieurs temps. Elle cherche d'abord ses hypothèses et ses questions dans l'éthologie animale. Lorsqu'on s'interroge sur la « communication animale », on ne peut manquer de s'intéresser à la fonction de « désignation » des objets. Cette fonction, avant d'être verbale, se manifeste indiscutablement par la compréhension et par l'usage du pointer du doigt. Prenez un chien, et indiquez-lui de l'index où aller chercher le morceau de viande qu'il convoite : il vient droit sur votre

index pour y poser sa truffe. Vous pouvez recommencer autant de fois que vous voulez. Vous aggravez sa
frustration, mais il y reviendra toujours. On peut ainsi
s'amuser en famille le dimanche après-midi. Mais
rien n'y fera, votre chien ne « comprend pas » le geste
de désignation. L'index pour lui n'indique rien, il ne
fait pas signe vers quelque chose d'autre, il n'est
qu'un doigt-signal, lequel ne renvoie qu'à lui-même.
On sait qu'il faut un long dressage pour que le chien
de chasse, dûment sélectionné, s'élance dans la direction visée par le geste de son maître... On voit que,
sauf exception, le chien reste soumis à la proximité
des stimulations, même s'il s'approprie l'étroit
espace-temps qui l'entoure. Il n'a accès à la signification que si elle est immédiate, au plus près du stimulant biologique.

Mais voyons le comportement du chimpanzé.
Bien qu'il dispose de tous les doigts nécessaires, et
même dirait-on, d'un peu plus qu'il ne faut, il ne
pointe lui-même jamais du doigt. Ainsi, à proprement parler les chimpanzés n'ont pas d'index. Mais
comprend-il le pointer du doigt humain ? On doit
répondre par la négative dans la plupart des cas ; c'est
plutôt l'expression des émotions par le corps entier
(cris, gestes, postures) qui désigne l'objet convoité à
un animal familier. Les seules exceptions connues
concernent des chimpanzés humanisés qui ont été élevés par l'homme comme le célèbre Koko de la petite

Paterson [1]. Voilà qui peut surprendre lorsqu'on sait que les mêmes chimpanzés, comme les gorilles, se révèlent capables d'apprendre le langage des sourds-muets. Les époux Gardner en 1971 ont en effet appris à Washoe, femelle chimpanzé, un langage gestuel extrait de l'American Sign Language (ASL). Ann et David Premack en 1975 ont fabriqué un langage symbolique avec des morceaux de plastique coloré et ont pu apprendre plus de cent mots à un chimpanzé. Qui n'a pas été impressionné de voir des gorilles attraper leur maître par les bras, et mettre en œuvre un véritable code de signes linguistiques pour communiquer avec lui! Il ne s'agit pas de performances intellectuelles médiocres, au contraire : certains chimpanzés parviennent à utiliser presque complètement les trois cents signes de l'ASL; ils réussissent même des associations entre ces signes pour composer de véritables phrases. Je crois savoir que beaucoup d'hommes politiques font carrière avec moins que cela...

Revenons au pointer du doigt. Le seul des êtres vivants chez lequel il apparaît « spontanément », c'est donc, en définitive, le petit d'homme, qui témoigne ainsi de sa plus grande liberté par rapport à la proximité de la stimulation signifiante. Nous avons

---

1. *Koko le gorille,* film de Barbet Schroeder (1975).

décidé d'étudier avec précision l'apparition de ce geste au cours de son ontogenèse. Les conclusions que nous avons pu en tirer concernent l'ensemble des comportements signifiants de l'enfant, à commencer évidemment par l'acquisition du langage dont le processus a été abondamment étudié dans un passé récent. Les noms de Henri Wallon et de Jean Piaget viennent à l'esprit ; ils ont marqué l'histoire de la psychologie cognitive ; ceux de Hubert Montagner et de Jacques Cosnier se trouvent associés aux premières études éthologiques sur la communication préverbale. Guidés par notre question, nous avons pour notre part systématiquement effectué des comparaisons entre des enfants dont le développement est jugé « normal » et des enfants présentant des troubles majeurs de la communication, dépourvus d'accès au langage en tant que vecteur de communication.

Voici le protocole mis en place pour observer l'apparition du pointer du doigt chez le bébé « normal ». Le bébé se trouve installé dans sa chaise de bébé, la table placée devant lui hors de portée de sa main. On pose sur la table un objet désigné par la mère et convoité par le bébé : nounours, chiffon, tartine ou autre... De cette scène nous effectuons, grâce à une caméra, ce que nous appelons un « prélèvement bref » : une séquence de cinq minutes chaque mois dans la même situation à peu près standardisée. On constate alors que, jusqu'à l'âge de neuf ou dix mois, l'enfant retenu par sa chaise de bébé tend d'abord tous les doigts vers l'objet convoité, il porte son regard dans sa direction, puis se met à crier lorsqu'il constate qu'il n'arrive pas à l'atteindre; il se rejette alors en arrière et ne tarde à s'auto-agresser, par exemple en se mordant les mains. La maman dit qu'il fait un caprice. Nous, qui sommes des scientifiques, nous appelons cela une « hyperkinésie ». Statistiquement, lorsqu'on répète systématiquement l'observation, comme nous l'avons fait, on ne constate presque aucun écart par rapport à ce schéma.

Mais tout d'un coup, vers le dixième ou onzième mois chez les filles, vers le treizième ou quinzième chez les garçons, on voit s'effectuer un changement comportemental aisément perceptible sur la cassette. Sa maturation neurologique aboutit à ce que l'enfant cesse de tendre les doigts ouverts. L'événement se produit : il commence à pointer du doigt. Voilà qui est un progrès d'une grande signification, car pour faire ce geste il faut à l'enfant toute une pensée organisée : il doit cesser de vouloir attraper l'objet pour se l'approprier immédiatement; il doit de plus acquérir la représentation très élaborée que, par désignation, il peut renvoyer à quelque chose qui se trouve éloigné dans l'espace, et qu'il peut obtenir par l'intermédiaire de sa mère.

Une analyse plus fine des images constituant notre séquence fait invariablement apparaître un

« détail » qu'on n'aperçoit guère « en situation », à l'œil nu, mais dont l'importance s'avère décisive. Lorsqu'il effectue son geste désignatif, l'enfant se met à regarder la mère, ou le père, ou l'adulte qui se trouve avec lui dans la pièce. Disons qu'il se tourne vers ce que nous appelons, dans notre langage, sa « figure d'attachement ». Et c'est alors, à ce moment précis, qu'il tente l'articulation, toujours d'abord ratée, d'un mot. J'ai risqué un mot pour désigner ce mot-toujours-raté ou, si l'on préfère, ce raté-de-mot : je l'appelle un « proto-mot »; on le perçoit comme une émission sonore de type « bon-bon »...

Nous tirerons, plus loin, bien d'autres enseignements de cette observation. Contentons-nous pour l'heure de mettre en lumière ce fait : le langage ne commence à apparaître que sur la base d'un ensemble comportemental désignatif, lequel suppose une maturation biologique déterminée, et s'instaure non dans un face à face de l'enfant avec la chose qu'il désigne mais à la faveur d'une double référence affective à la chose et à la personne d'attachement. Et c'est ainsi que la chose peut devenir « objet » de désignation; thème d'une vocalisation qui accompagne régulièrement le pointer du doigt. Nous partageons sur ce point les conclusions de A. Jouanjean l'Antoene qui a étudié ce geste dans une crèche et pense qu'il « nous mène aux débuts du symbolisme, aux origines de la capacité à évoquer les objets absents ».

Autistes et « enfants-placards »

D'autres observations, relevant cette fois-ci de l'éthologie clinique et même psychiatrique, vont nous permettre de confirmer et d'enrichir ces premiers résultats. Observons, selon les mêmes méthodes, des
enfants qui n'ont pas accès au langage par suite
d'accidents ou de maladies comme les méningites.
Ces enfants encéphalopathes ont une compétence
génétique intacte, identique à celle de tous les
enfants ; mais leur cerveau est abîmé et l'appareil à
percevoir le monde se trouve déformé. Ils ne vivent
pas dans le même univers sensoriel que nous ; inca-
pables de traiter les informations comme nous, ils
sélectionnent des perceptions différentes et les organisent selon d'autres modalités. S'ils vivent, eux aussi,
dans l'évidence d'un monde qui leur est donné, ce
monde n'est pas le nôtre. Or, on constate que jamais
ils n'en viennent à pointer du doigt ! Ils en restent
toujours aux cris rauques, mains tendues, doigts écar-
tés, vers l'objet convoité ; l'hyperkinésie, l'auto-
agression persistent. Ne nous hâtons pas pourtant de
conclure : ils en « restent à ce niveau » ; ce serait supposer un « arrêt du développement ». En réalité, c'est
leur monde ; un monde stable avec lequel ils sont aux
prises, comme nous avec le nôtre, et leur comportement n'apparaît nullement figé, définitivement fixé,
il est susceptible de développement comme tout
comportement humain, mais il se développe sur
d'autres bases en suivant d'autres directions...

Voilà qui prouve immédiatement que l'accès au langage suppose des « pré-requis éthologiques ». Mais ces pré-requis, s'ils apparaissent comme des conditions nécessaires, ne peuvent nullement être tenus pour des conditions suffisantes.

L'observation des petits autistes ou des enfants abandonnés permet de le comprendre aisément. Alors qu'ils disposent du même équipement neurologique que tous les autres enfants, aucun ne pointera du doigt; nous dirions qu'ils présentent la même « onto-genèse comportementale » que les encéphalopathes. Considérons le cas, si poignant, de ces enfants aban-donnés que l'on appelle les « enfants-placards ». L'expression, dans la cruauté de son réalisme, désigne ce phénomène, de plus en plus répandu, que les assis-tantes sociales enregistrent pudiquement sous la rubrique « abandon à domicile ». Seuls toute la jour-née, ces enfants se voient enfermés par leurs parents dans une petite pièce « pour les protéger » ou « pour les empêcher de faire des bêtises »... Ils attendent là jusqu'au soir, prisonniers, le retour des adultes affairés à l'extérieur... J'ai eu affaire à des cas plus terribles encore, comme celui d'un petit garçon que ses parents enchaînaient à son lit avant de partir pour le week-end faire du ski à la montagne. Le pauvre gosse restait allongé sans manger et sans boire, il urinait sous lui... Quand les parents rentraient, ils le lavaient, lui don-naient à manger et l'embrassaient avec apparemment la meilleure conscience du monde!

Ce dernier exemple montre que ce type de comportement se manifeste parfois dans les classes sociales aisées. Or il apparaît que de tels « enfants-placards » qui vivent toute la journée en situation de privation sociale et sensorielle n'arrivent jamais à pointer du doigt. Non seulement donc, il faut des pré-requis neurologiques et des pré-requis étholo-giques pour que l'accès au langage soit ouvert, mais il y faut aussi des pré-requis affectifs! Le système comportemental qui « supporte » la parole et la fait advenir suppose la présence autour de l'enfant de quelque autre être à qui parler, pour qui parler; il faut qu'à la parole propre réponde une autre parole. Cette personne, quelle qu'elle soit, est requise pour que l'enfant tente l'aventure du signe et de la parole. Faute de cette personne, l'accès sera fermé. Doit-on dire que cette fermeture sera définitive? Une observa-tion émouvante, enregistrée, nous permet d'affirmer que tel n'est pas le cas. Il s'agissait d'un petit garçon psychotique âgé de cinq ans. Le protocole d'observa-tion se présentait comme suit. Il y avait une cabane, et la mère avait posé le nounours, hors de portée de l'enfant, sur le toit de la cabane. L'enfant se dirige vers le nounours, tendant les doigts, et se met à crier. En passant la cassette au ralenti, mon équipe et moi avons alors remarqué que, très furtivement, l'enfant au milieu de ses cris avait regardé sa mère et amorcé l'esquisse d'un pointer du doigt. Nous avons repassé le film au ralenti devant les éducateurs et les médecins qui s'occupaient de cet enfant. Et nous avons pris le risque d'affirmer que, si notre théorie était pertinente, cet enfant était « dépsychotisable », puisqu'il avait furtivement manifesté l'ensemble comportemental nécessaire pour tenter une relation affective et une relation sociale. La forteresse ne nous paraissait pas totalement close.

De fait, l'enfant n'est plus aujourd'hui psychotique. Cette guérison est-elle imputable à notre intervention? Je n'aurais pas l'audace de l'affirmer. Tout ce que je sais, c'est que ce petit garçon a été très gentil avec notre théorie...

On demandera quel est le destin d'enfants-placards réouverts à la parole. Il leur restera le plus souvent la trace de la privation affective initiale. Ce qui se manifestera pour les petits garçons par un désir insatiable de se faire aimer de leur mère, de la séduire. Adultes, ils consacrent tous leurs efforts à gagner cette affection qui ne leur a pas été accordée lorsqu'ils étaient enfants. Que de conflits avec leurs épouses lorsqu'elles découvrent en leur belle-mère cette rivale invincible et « dévorante »! La « logique » de ce comportement d'absolue dévotion apparaît très simple : « Si elle ne m'a pas aimé, c'est que je ne méritais pas son amour. Je vais donc maintenant vivre sous le signe du sacrifice, donner tellement de moi qu'elle finira par m'aimer. » L'origine du masochisme se trouve sans doute là.

Et la naissance du sens, sa venue à la parole, se trouve à ce point commandée par des relations affectives qu'il convient d'observer la genèse de cet ensemble. Or on peut constater que cette genèse se fait depuis l'origine dans un « bain de parole », pour reprendre une expression de Françoise Dolto.

Remontons dans la vie de notre enfant, jusqu'à ses premiers jours. Une observation que j'ai faite dans des crèches m'a permis de montrer avec précision le rôle de la parole dans le développement des nourrissons. Il m'est arrivé en effet d'enregistrer des cris d'enfants prématurés et d'enfants nouveau-nés. Lorsque j'ai porté mes bandes magnétiques à l'analyseur de fréquences (celui de la Marine nationale à Toulon!), j'ai pu voir les cris des bébés ainsi transformés en images sonores. L'analyseur me livrait une sorte d'histogramme qui faisait, sur papier argenté, la répartition de gauche à droite des basses et des hautes fréquences. Or, on s'aperçoit que si les bébés se trouvent seuls entre eux, ils poussent des cris « carrés », et ils se répondent de berceau à berceau par de tels cris carrés. Tout cela reste pour le moins rhapsodique sinon cacophonique. Si, en revanche, ils se trouvent dans un milieu où des adultes parlent autour d'eux, on voit dès le quatrième jour les cris prendre

une forme mélodique et, se répondant, composer une
sorte de symphonie des berceaux!

D'où il apparaît que la parole des adultes représente pour ces nouveau-nés une information porteuse
d'une grande signification, à laquelle ils répondent
par une modulation de leurs cris.

Voilà qui renverse bien des idées préconçues.
Nous devons constater que le bébé non seulement
perçoit des sons dès sa naissance mais aussi qu'il
reconnaît des sons, c'est-à-dire qu'il fait la différence
entre des sonorités diverses. De même qu'il nous faut
nous dépouiller de notre anthropomorphisme pour
observer les animaux, il y a urgence à nous débarras-
ser de notre adultomorphisme arrogant si nous voulons comprendre le monde des bébés. Car les bébés ne
se contentent pas de réagir différemment aux cris des
autres nouveau-nés et à la parole des adultes. On
s'aperçoit que, dans un milieu stable, leurs cris s'enri-
chissent en basses fréquences. Mais si quelqu'un vient
à entrer, ou si une infirmière se présente pour changer
le lit, dans le cri suivant les hautes fréquences seront
plus nombreuses! Leur expression des sons s'avère très
discriminante.

Faites maintenant l'expérience de donner à
entendre l'enregistrement de ces cris de bébés riches
en hautes fréquences à des animaux, vous verrez les
chiens, par exemple, se mettre à gémir, et les chats
miauler d'inquiétude. Passez la cassette devant des

adultes, vous provoquez aussitôt des somatisations anxieuses. « Je me sens mal, diront les femmes, ces cris me donnent des crampes d'estomac. » L'épouse d'un de mes amis disait qu'elle ne supportait pas cela, que cela lui donnait des angoisses, sans pouvoir préciser davantage.

La virulence de ces réactions m'apparaissait d'autant plus frappante, sinon éclairante, qu'elle succédait à des commentaires très neutres, très détachés lorsque les mêmes personnes avaient écouté les cris en basses fréquences : « Tiens! c'est un garçon... Il doit avoir faim! Ça me rappelle mon fils. »

Que conclure de ces observations sinon que les bébés, dès leur naissance, familiarisent un monde où les couleurs, les odeurs, mais aussi les sons et spécialement les paroles entrent comme éléments essentiels; qu'un petit d'homme, loin de subir passivement la loi du milieu, y introduit un certain ordre, une série de différences auxquelles il réagit?

Les adultes ne se lassent pas d'interpréter ces réactions en fonction des repères de leur monde d'adultes. « Il est anxieux », disons-nous, d'un nouveau-né. Mais ce ne sont que des indices que nous croyons lire sur son corps, et que nous référons à notre propre expérience de l'anxiété et à la façon dont elle dispose de nos corps. Soyons prudents; ne parlons pas d'anxiété, car le monde des nouveau-nés reste un monde sans paroles échangées. Disons que les signes

que nous interprétons comme des indices d'anxiété
ont pour cause la non-familiarité éthologique. On
évitera ainsi de bâtir des romans psychologiques, en
particulier au sujet de la naissance et de son fameux
supposé « traumatisme ». Ils n'expriment qu'un
point de vue d'adultes qui mêlent leurs angoisses à
l'interprétation qu'ils font tomber sur le nouveau-né.
De fait, au moment de la naissance, le bébé dort profondément, il se trouve au stade trois du sommeil
lent! Cette pensée nous gêne sans doute puisque nous
disons qu'un être « voit le jour » pour dire qu'il est
né. Et pourtant il dort. On a pu le vérifier régulièrement par encéphalogramme! Le « traumatisme de la
naissance » cher à Otto Rank apparaît donc comme
un fantasme d'Otto Rank, et de ceux qui l'ont suivi.
Dans l'heure qui suit, ce nouveau-né, ainsi endormi,
s'est familiarisé avec des informations sensorielles
qu'il a déjà commencé à percevoir à la fin de la grossesse. L'accouchement apparaît comme un « déménagement écologique » et c'est peut-être cela qui
constitue le traumatisme de la naissance : le bébé
passe d'un monde aquatique à un monde aérien, tout
en retrouvant dans le monde aérien des informations
qui lui sont déjà familières quoique modifiées.

L'ontogenèse du gobelet

Nous disposons aujourd'hui de moyens d'observation
et d'enregistrement qui nous permettent de suivre, dans
l'utérus, avant la naissance, le merveilleux processus

de familiarisation du monde par le fœtus, et de rétablir ainsi une continuité entre la vie intra-utérine et la
nouvelle familiarisation qui s'accomplit à l'air libre.
Je ne reviens pas sur le détail de ces recherches
publiées auparavant dans *Sous le signe du lien*.
Alexandre Minkowski propose d'appeler cela : « écologie fœtale ». Je rappellerai seulement quelques éléments d'observation qui ont trait à la question de la
naissance du sens. Quand la mère parle, le bébé perçoit les basses fréquences qui émanent de cette parole,
filtrée par la poitrine, le diaphragme et l'utérus. La
voix de sa mère lui parvient lointaine, douce, et grave.
On a pu analyser cette sonorité grâce à des ordinateurs. Mais la voix du père, la voix de l'homme qui
vit avec la mère, lui parvient aussi. Elle n'a à franchir
qu'une mince paroi de muscles et d'eau pour
atteindre son oreille interne : il la perçoit donc plus
intense et plus aiguë. Les études qui ont été faites
montrent que les fréquences de cette voix se superposent exactement à celles du bruit de l'utérus.
L'enfant à naître n'aurait donc distingué que la voix
maternelle. En revanche, il est possible qu'il perçoive
l'odeur de musc propre au père, puisqu'on en retrouve les molécules inhalées par la mère dans le liquide
amniotique en fin de grossesse. On rendrait compte
aussi des observations de Frans Veldman : lorsque
le père place les mains sur le ventre de la mère
dans les deux mois qui précèdent la naissance, le

bébé change de position. Les gynécologues utilisent depuis longtemps ce mouvement mais sous forme de pression mécanique lorsqu'il y a lieu de modifier la position intra-utérine du bébé, alors que l'haptono-mie est une attraction affective.

Entre les tout premiers jours et le moment « cri-tique » du « pointer du doigt », lorsque l'enfant acquiert un « index », des mois se passent pendant lesquels se mettent en place de nouveaux éléments du système comportemental « signifiant » propre au petit d'homme. L'un des épisodes les plus marquants et les plus universels, qui contribuent à l'organisation de ce système et à la stabilisation du monde de l'enfant, est constitué par le choix d'un « objet tran-quillisant ». On a aujourd'hui pu observer que peu d'enfants savent s'en passer : le choix peut se porter sur un nounours ou un mouchoir comme souvent ; mais il peut s'agir d'une grande sœur, d'un bruit familier, du son de la télévision par exemple, du père qui travaille en se raclant la gorge dans le bureau d'à côté... Dans tous les cas, il s'agira d'un objet sensoriel, visuel ou sonore, évident ou non à l'observation pre-mière, auquel l'enfant attribue une fonction de fami-liarité. On pourrait dire que nul être humain ne peut vivre sans satisfaire à la « fonction-nounours ». En termes plus savants, nous disons que tout être humain se donne un « objet d'attachement » pour constituer son monde et explorer l'univers. J'ai parlé d' « épisode », mais chacun sait que cela n'exclut pas une certaine durée. La fonction-nounours se prolonge bien au-delà de l'apparition du langage. Le détachement ne s'effectue le plus souvent qu'avec le début de la scolarité. Il n'est pas possible de donner ici une vue exhaustive de la formation de ce monde d' « objets » doués de sens à laquelle, de génération en génération, s'attellent, par épouvantes et avec délices, tous les êtres humains. J'en retiendrai cependant encore un trait, un élément, décisif pour l'histoire de l'humanité : la constitution des outils. Ici encore des observations d'éthologie humaine peuvent nous guider.

On sait qu'en milieu naturel certains animaux se révèlent capables de fabriquer des outils : les singes peuvent utiliser une branche et s'en servir comme canne à pêche. Ils confectionnent et utilisent également des éponges; ils adoptent, si je puis dire, la « conduite d'éponge ». Après la pluie, de l'eau reste dans les troncs d'arbre. Mais pour boire cette eau, ce n'est pas facile car il leur faut entrer la bouche dans les anfractuosités : ils se servent donc de leurs doigts qu'ils sucent. Mais très vite, ils s'impatientent. Ils prennent alors des feuilles, les mâchent, les empilent dans le tronc, attendent un peu, puis les ressortent pour les presser et boire l'eau qu'elles ont ainsi absorbée. Il ne leur reste plus qu'à recommencer...

On doute souvent de la capacité des animaux à inventer des outils. En voilà un exemple. Il est d'autant plus impressionnant qu'il fait intervenir une utilisation maîtrisée du temps. Le singe perçoit les feuilles, imagine que les feuilles mâchées vont pouvoir s'introduire dans le tronc et s'imbiber d'eau, et « sait » qu'il pourra boire l'eau de l'« éponge ». Mieux : il attend que les feuilles soient suffisamment mouillées pour les ressortir et les porter à sa bouche. On mesure la capacité d'enchaînement de représentations que suppose une telle démarche. Les épistémologues auront beau dire, les singes les contredisent : il y a bien là une « intelligence » ou « pensée » perceptuelle.

Voici maintenant deux petites filles face à un gobelet. L'une d'entre elles est une enfant familiarisée, âgée de trois ans et demi ; l'autre une « enfant sauvage », abandonnée précocement, âgée de sept ans. La première, arrivant pour le goûter, enchaîne une séquence de gestes bien liés : elle prend le gobelet, boit le contenu, regarde sa mère, repose le gobelet. La petite fille sauvage prend le gobelet, boit, et dès qu'elle n'a plus soif, ouvre la main et laisse tomber le gobelet.

Les deux petites filles ont perçu le gobelet, ont compris qu'il n'est pas une chose, mais un outil dans lequel on peut mettre de l'eau ; elles prennent l'outil en tant que tel, et savent toutes deux s'en servir. Mais la petite fille sauvage s'arrête là ; alors que la petite fille familiarisée continue l'ontogenèse de l'objet. Ici, comme lorsqu'il s'agit de pointer le doigt, nous avons découvert le détail décisif : c'est le regard de la mère (ou de l'adulte présent). À ce regard affectueux, la petite fille s'adresse en même temps qu'elle manipule l'objet. L'objet se trouve ainsi « affectivé ». Lorsqu'il y a parole, la mère dira, ou aura dit : « Tu sais, ce gobelet t'a été offert par tante Noémie le jour de ton baptême... » Bref, de ce regard, déjà elle « historise » l'objet; s'infiltrent en lui une filiation et une religion. La substance de l'objet « gobelet », comme celle de mon armoire Louis XIII, est constituée de sens, tissée de paroles; et c'est pourquoi il est humain.

Récapitulons cette « ontogenèse du gobelet » : le premier stade est celui de la « chose » (les feuilles-à-boire). Vient ensuite la chose pensée comme outil, objet d'une perception-représentation. Tous les enfants ont accès à cette forme de pensée; mais la petite fille familiarisée ajoute une socialisation à cet « objet » qui se trouve pour elle pris sous le regard familial. Les enfants-placards montrent par contraste le caractère décisif de cette socialisation pour le devenir-humain du petit d'homme : pour eux les objets restent des choses. Ils accèdent tout juste au statut d'outils, jamais ils ne deviennent objets « pensés ».

III

LES OBJETS D'ATTACHEMENT

La fonction-nounours

Nous venons de voir comment le sens vient à la chose, et la transforme en objet. De l'animal à l'homme, le sens se détache de l'immédiateté biologique ou technique; porté par les paroles, il joue avec lui-même selon des règles déterminées qui lui ouvrent l'infini comme seul horizon.

Mon chien déjà vit dans un ordre de significations; il se débat et se débrouille avec une classe élémentaire de signes. Mais pour répondre au signe, pour s'insérer dans son ordre, il lui faut des perceptions, proches dans l'espace, et dans un temps qui reste bref.

Mais moi, c'est toute la famille de ma femme que je loge sans peine dans mon armoire Louis XIII. Je vis dans un ordre de signes que l'on peut bien dire « supérieur » : le symbole pénètre dans le signe et permet à ma pensée de voler bien plus loin que l'admirable papillon; en un instant la voici qui plonge vers le XVIe siècle et s'y installe à la recherche des ancêtres de mon armoire...

Il est pourtant un trait de « notre » monde que je n'ai pas encore abordé, et qui devrait à tout jamais empêcher de parler comme on le fait si légèrement, mais si régulièrement, de l' « animalité de l'homme ». Ce trait, longtemps inaperçu, méconnu, ou dénié, notre perspective éthologique a permis de le mettre en plein relief : la parole modifie la biologie même de l'être humain.

Revenons à nos « objets d'attachement », à nos nounours et à nos mouchoirs. Voici une observation très simple que nous avons organisée dans l'institution où je travaillais il y a quelques années. Nous avions entrepris de photographier des objets disposés autour du lit des patients — en l'occurrence, il s'agissait de patientes —; puis de photographier le « rangement » auquel procédaient les patientes lorsqu'elles entraient dans leur chambre. Nous avons pu constater que, selon le type de pathologie dont elles se trouvaient affligées, elles organisaient leur espace de façon différente. Cette disposition des objets se trouve toujours porteuse d'une signification déterminée. Telle femme place au-dessus de la tête de son lit sept photos d'enfants, mais dont pas une seule ne représente ses propres enfants. Ce comportement plonge ses racines signifiantes dans son histoire tourmentée... Les mélancoliques s'appliquent à « faire le vide » dans leur chambre, cependant qu'à l'inverse les maniaques l'encombrent de décorations diverses. Lorsque la dépression survient, cette intense activité ornementale cesse : pas d'objet à montrer = rien à dire. Le mélancolique ou le déprimé n'a plus la force de parler. Aux yeux des schizophrènes, les objets apparaissent comme des sortes de « détritus sémantiques ». Comme les enfants sauvages, ils perçoivent et utilisent des objets, mais ne les socialisent pas. On découvre sur nos photos de terribles empilements de revues, de mégots, de culottes, de mégots dans des culottes, de biscuits et de verres déplacés et abandonnés au gré de la journée...

La parole confère à l'espace sensoriel une valeur sémantique ; le « territoire » humain n'apparaît jamais comme un espace simplement marqué à la mode animale, mais bel et bien comme un « territoire sémantique » d'où les « objets », pour l'essentiel, sont absents dans leur présence même, puisqu'il s'agit de signifiants. Toute extrapolation du « territoire » animal à celui de l'homme repose ainsi sur un contresens qui revient à oublier la réalité spécifiquement humaine du sens. Mais si l'espace sensoriel se trouve ainsi organisé, valorisé en fonction de l'affectivité, il agit en retour sur la perception, l'affectivité et la physiologie de l'individu ; en quoi il n'est pas faux de dire qu'à l'occasion il peut être bon pour un malade de « changer d'air » et de quitter le lieu « familier » où il s'enferme dans son malaise.

L'olfaction nous servira à nouveau de guide ; non pas l'analyse de la molécule olfactive, mais l'étude des comportements induits par l'olfaction. Ce qui n'est pas du tout la même chose, sauf à imaginer que l'on puisse imputer tout simplement à un produit chimique la cause d'une action. La représentation moléculariste sert trop souvent à éviter la pensée : « Il est triste parce que son cerveau sécrète moins de dopamine. » Cette trop grande vertu explicative arrête la pensée. Les neurobiologistes se servent de la molécule pour poser des problèmes fous : « L'introduction d'acétylcholine modifie la représentation du monde. » La circulation des informations entre la paillasse et la culture se fait à contresens. Mais c'est pure paresse intellectuelle, car bien des aspects de cette action, en tant qu'elle n'est pas simple réaction mécanique mais comportement signifiant, échappent à ce schéma pseudo-explicatif.

Je reviens donc à l'étude que j'ai menée naguère sur les mouchoirs tranquillisants, pour en tirer une nouvelle leçon. Examinons, selon nos méthodes d'observation, les postures d'un bébé en fonction de l'atmosphère olfactive. Mettons le bébé dans les bras de sa mère, puis dans les bras d'une autre femme, enfin dans les bras d'un homme. Le bébé dans les bras de sa mère se tranquillise instantanément ; une fois tranquillisé, il se met à observer le monde extérieur. Alors que les bébés inquiets s'agitent et font des mouvements désordonnés dans tous les sens, les bébés tranquillisés se collent contre leur mère ; une fois son nez logé dans le creux au-dessus de la clavicule, l'enfant porte son regard vers les alentours. Ce comportement est un analogue de celui que l'on observe sur le caneton au moment de l'empreinte : c'est lorsque le caneton se trouve sécurisé par son objet d'empreinte qu'il se révèle capable d'observer son monde et de le conquérir.

Mais, dans le cas présent, on dira : qui nous assure que ce comportement est lié à l'olfaction, et non à la position du bébé, ou à tout autre facteur qui nous aurait échappé ? J'ai pu l'établir au cours d'un protocole expérimental dont les applications ont été immédiatement mises à profit par les pédiatres.

J'avais demandé à des mères de choisir deux ou trois objets personnels et de les présenter à leur bébé en leur disant qu'il s'agissait bien d'objets appartenant à leur maman. Le bébé « choisissait » un de ces objets ; il manifestait une préférence pour l'un d'entre eux. Je demandais alors à la mère de porter cet objet dans son soutien-gorge pendant deux jours pour bien le marquer à son odeur, puis de l'offrir à son bébé au moment où elle le couchait, en lui disant bien à nouveau, en le lui montrant bien, que cet objet appartenait à sa maman et qu'elle l'avait porté.

Les mères m'ont toutes fait le même récit : il prend le mouchoir, il le frotte contre son nez, et il s'endort... Cette simple observation éthologique a permis d'éviter d'administrer, comme on le faisait, des somnifères (nembutal, théralène ou autre) à des générations de bébés qui ne peuvent que s'en mieux porter. On voit même maintenant dans les salles d'opération des nounours ou des mouchoirs que serrent les jeunes opérés contre leur visage ; ce qui ne leur évite quand même pas l'anesthésie, mais diminue fortement la prémédication.

Le lecteur aura noté que mon protocole prescrivait toute une mise en scène verbale ; il fallait dire à l'enfant : « Ces objets m'appartiennent, choisis-en un ; je l'ai porté, il t'appartient. »

Plusieurs mères n'ont pas observé complètement le protocole – ça ne manque jamais quand on est thérapeute ! Elles ont pris un objet qu'elles ont porté, mais sans le dire à l'enfant ; puis elles l'ont mis sous le nez du bébé. Le résultat a été le même. Je dois remercier ses « mères désobéissantes », car j'en tire maintenant la conclusion que c'est l'olfaction qui a joué le rôle déterminant.

Depuis, de nombreux récits m'ont d'ailleurs été faits qui confirment, parfois de façon très étonnante, la justesse de cette interprétation. J'ai eu ainsi connaissance du cas d'une petite fille, dont les parents étaient tous deux médecins, et qui souffrait de phobies scolaires très importantes : les crises d'angoisse dont elle était victime quand on l'envoyait à l'école faisaient peur. Sa mère a tenté ma méthode, bien qu'il se soit agi d'une enfant bien plus âgée que mes bébés habituels. Elle lui a offert un de ses foulards (imprégné). Et l'on a vu la petite partir pour l'école avec un foulard. Quand elle arrivait en classe, elle rangeait son foulard dans son cartable et, en cas de malaise, le sortait pour le coller sous son nez. Ses crises d'angoisse ont disparu. J'avais, indirectement, inventé le « foulard tranquillisant »! Autour de lui, on a vu la petite fille organiser un véritable rituel d'apaisement qui a duré fort longtemps; ce rituel avait l'olfaction pour base, mais l'olfaction en tant que l'odeur faisait « signe » vers sa mère. L'odeur du foulard pendant le transport, c'était la présence matérialisée de la mère absente; le lien maintenu dans l'éloignement; l'attachement confirmé contre la distance, une victoire affective sur la menace de l'espace et du temps. On voit combien il est vain d'invoquer, comme beaucoup s'obstinent aujourd'hui à le faire, la molécule contre le sens. De toute évidence, la molécule est porteuse de sens; nul ne saurait faire abstraction de ce sens lorsqu'il s'agit d'expliquer le jeu de la molécule dans le comportement humain. Autrement dit : c'est le processus de familiarisation, son histoire, ses succès et ses accidents, qui se trouve supporté, incarné, médiatisé, par la molécule olfactive; laquelle produit un effet tranquillisant.

Une nouvelle observation permet de confirmer et de préciser ce que je présenterai comme une thèse, puisqu'en la posant je l'oppose à bien d'autres.

Parfois, ce sont les pères qui « maternent » leurs enfants. Dans ces cas-là, lorsque j'ai demandé aux mères de porter un objet dans le soutien-gorge, et qu'elles l'ont présenté à l'enfant, l'effet a été nul. J'ai donc demandé à un père qui avait materné son enfant pendant les premiers mois de mettre mon protocole à l'épreuve. Il a fallu s'arranger pour la question du soutien-gorge... L'enfant choisit la casquette du père qui la lui donne, et le garçon s'endort en la serrant contre son visage. La mère fait alors remarquer que cette casquette, si elle l'aide à trouver le sommeil, le gêne ensuite pendant la nuit. L'enfant a trouvé lui-même la solution : il a fait découper la visière qui manquait de souplesse pour ne garder que le capuchon ! A nos yeux d'éthologues, il a simplement transformé la casquette en « mouchoir tranquillisant »; il a eu le bon goût de retrouver notre prototype expérimental ! On voit à nouveau sur cet exemple que la molécule intervient certes, mais comme molécule douée de sens. Aucune chimie spéciale − devrais-je écrire : aucune alchimie ? − ne relie l'enfant à la mère qui rendrait compte des effets bénéfiques des mouchoirs et foulards, puisque les molécules du père peuvent, dans certaines situations, remplir le même office à condition d'avoir été familiarisées : la matière alors peut faire signe.

L'odeur de l'autre

L'olfaction chez l'homme est un sens bien particulier. L'audition est un sens noble puisqu'elle donne accès à la parole et à la musique. La vision est acceptable parce qu'elle permet l'image. Le toucher est nécessaire parce qu'il permet d'éviter les dangers, et de nous renseigner sur la douleur.

Tous ces canaux sensoriels sont ainsi moralement tolérés dans notre condition d'homme de matière. L'olfaction, qui nous rapproche de mon chien et nous classe parmi les mammifères osmatiques, déclenche à l'inverse en nous une impression de dégoût, de honte même. Pourvu que ça ne se sache pas que « nous descendons du singe » et que nous aimons renifler des odeurs inavouables !

Comment expliquer ce tabou de l'olfaction, le sentiment de gêne et les réactions affectives, de gourmandise presque sexuelle ou d'indignation vertueuse qu'il éveille dès qu'on en parle ?

Ce sens est fortement « moralisé », comme la sexualité l'a toujours été, comme le rêve est acculturé. Certaines cultures, comme celle des Grecs anciens ou des Mossis africains d'aujourd'hui, donnent au rêve le pouvoir d'accéder à un autre monde, intime, caché, immatériel, imperceptible à l'état de veille et encore moins lors du sommeil. Le rêve grec ou mossi donne accès à un troisième monde, celui d'une vie psychique immatérielle et pourtant bien réelle. Notre culture a

fait du rêve une étude biologique et électrophysiolo-
gique aux résultats passionnants, tandis que d'autres
en faisaient la « voie royale d'accès à l'inconscient ».
Or, l'interprétation des rêves a longtemps été interdite, comme la chiromancie! C'est à ce niveau
d'approche qu'on en est pour l'olfaction. Son étude
scientifique n'est pas vraiment interdite, mais elle
n'est pas du tout recommandée. Comme la sexualité,
comme les rêves, elle constitue encore la partie honteuse de l'homme occidental : la matière humaine.

Pourtant nous avons essayé de l'observer, même
chez l'adulte, et nous avons évolué de surprise en surprise.

Le sentiment d'intimité que provoque toute
étude de l'odorat de l'homme s'explique par une véritable pénétration; une molécule exprimée par le corps
d'un autre pénétrant dans le mien, par mon nez, pour
y déclencher une pulsation de plaisir ou de rejet. Ce
cheminement olfactif apparaît tout de même bien
proche du cheminement sexuel! Freud et son ami
Fliess, grand spécialiste du nez, avaient pressenti cette
proximité émotionnelle entre le sexe et le nez, mais ils
en avaient fait une théorie naïve, étonnamment bien
acceptée par notre culture, car elle parlait de « refoulement organique » nécessaire à l'établissement d'un
processus civilisateur. Le grand Lacan prolongea cette
morale du refoulement olfactif en disant (dans son

séminaire sur l'identification) que « la répression organique de l'odorat est pour beaucoup dans son accès à la dimension de l'Autre ». Parfait : ce qui reste de mammifère olfactif en nous est écrasé au profit d'un surplus d'humanité. Voire!

Le racisme olfactif est une vieille valeur occidentale; Voltaire disait déjà qu'il pouvait reconnaître facilement un juif à sa mauvaise odeur; il est aujourd'hui encore facile d'insulter quelqu'un en lui disant qu'il pue ou qu'on ne peut pas le sentir. En somme, les sous-hommes ont une mauvaise odeur et seuls les êtres « bien-nez » échappent à l'animalité.

Pourtant, les ethnologues nous apprennent à quel point les odeurs participent aux échanges sociaux; mais ils montrent aussi qu'il faut les coder, les ritualiser, comme la sexualité, comme la table, comme le lit. Tout ce qui fait notre condition d'homme inévitablement matériel doit subir ce traitement : on doit l'imprégner de sens pour en faire une condition humaine qui échappe à la matière. C'est pourquoi, en Nouvelle-Guinée, il est très bien élevé de passer sa main sous l'aisselle de celui qu'on quitte et de porter ses doigts sous son nez pour signifier qu'on garde en soi l'odeur de l'ami éloigné. On peut aussi mettre sa main sous le mont de Vénus d'une femme estimée; il faut préciser que cette bonne manière n'est pas universelle et qu'à Paris elle pourrait prêter à contresens.

Pourtant Montaigne avait bien compris ce rituel néo-guinéen quand il expliquait : « [mes] moustaches que j'aie pleines m'en servent (des odeurs). Les étroits baisers de la jeunesse, savoureux, gloutons et gluants s'y colloient autrefois et s'y tenoient plusieurs heures » (*Essais*, livre 1, chapitre LV). Michel Serres rappelle à quel point les odeurs ont fait longtemps partie de la sémiologie médicale : les odeurs de pomme de reinette, d'acétone et d'œuf pourri m'ont été enseignées et on m'a même parlé de l'odeur des schizophrènes !

Connaissant l'organisation neurologique des circuits olfactifs dans le cerveau et nous formant aux méthodes éthologiques d'observation, nous avons essayé d'observer ce qui se passait quand on faisait respirer à des adultes une batterie d'odeurs.

Les filets olfactifs qui perçoivent la molécule et en informent notre cerveau suivent un chemin particulier. Ils ne font pas relais dans la « gare de triage des informations » que constitue le noyau du thalamus, qui canalise ces informations vers une zone spécialisée du cortex pour en faire une représentation. Au contraire, cette information odorante passe directement du nez aux circuits de la mémoire et de l'émotion, sans aucune représentation néo corticale.

Ce qui revient à dire que notre cerveau est organisé de telle manière que, percevant une odeur, il éveille une impression diffuse, mise en forme par un

souvenir. Les bébés fonctionnent déjà dans la familia-
rité olfactive, qui constitue une forme de mémoire à
courte échéance. L'homme adulte se sert de son nez
pour éveiller une impression et évoquer la scène passée qui lui correspond au mieux.

L'olfactométrie est un art difficile, car le signal
est invisible et se vaporise très vite, pourtant nous
sommes tous capables de sentir des odeurs et de les
différencier. Quelques boîtes d'aluminium avec de
petits aérosols ont permis de focaliser les jets d'odeur.

Premier étonnement : richesse des odeurs qui ne
portent pas de nom (autour de 1 500, peut-être plus).

Deuxième étonnement : déclenchement instan-
tané d'émotions qualifiées d'agréables ou de désa-
gréables.

Troisième étonnement : évocation très rapide de
souvenirs et d'images : dès que les hommes respirent
une odeur, ils racontent une histoire intime.

Globalement, les odeurs dites « bonnes » évoquaient des histoires de nourriture ou de nature : goû-
ters d'enfance, foins coupés pendant les vacances, cho-
colat volé dans la cuisine maternelle, nuits blanches à
la campagne...

Les odeurs dites « mauvaises » évoquaient des
histoires de maladies ou de civilisations : odeur de
vomi, d'interventions chirurgicales, de tabac froid
(que ne sentent plus les fumeurs dont les filets olfactifs sont grillés), de caoutchouc brûlé, de décharges
publiques.

Voilà qui ne se produit jamais avec une stimulation auditive, visuelle ou tactile. Le triage du thalamus, et sa canalisation vers une zone spécialisée du cortex, nous permettent en effet une représentation presque immédiate, de mot, de musique, d'image, de caresse ou de brûlure.

Avec ces canaux sensoriels-là, on s'adapte à l'instant qui passe, alors que l'odeur évoque l'instant passé et provoque de l'émotion.

L'éthologie de l'olfaction précise l'idée de Freud sur la « trace mnésique des représentations » ; elle rend scientifiquement compte des vertus de la madeleine de Proust : la répétition du plaisir réel tisse un attachement et son évocation en éveille la nostalgie.

On comprend mieux pourquoi l'olfaction qui allume les circuits d'un tiers du cerveau et s'associe à toutes les représentations a si mauvaise réputation : il s'agit d'une pénétration réelle qui évoque tout ce qu'il y a de délicieusement trouble dans notre intimité.

Vous n'avez pas encore montré cependant comment la parole modifie la biologie humaine ! me dira-t-on. On l'aura pourtant déjà aperçu. Souvenons-nous du pointer du doigt, et poursuivons l'analyse jusqu'au moment où l'enfant peut prononcer le mot qui désigne la chose en même temps qu'il la montre de l'index. On a pu établir qu'il s'ensuit, avec la disparition des hyperkinésies et des auto-agressions, une

modification des relations et une maturation du système nerveux. On a fait remarquer que cet événement
se trouvait lié à la capacité acquise par l'enfant à ce
même âge de se tenir debout et de coordonner
l'ensemble de ses gestes.

La « fonction-nounours » est encore plus éclairante sur ce point : l'enfant qui s'endort régulièrement, tranquillisé par son objet d'attachement, structure son sommeil de façon plus précoce et plus
harmonieuse que celui qui « a du mal à s'endor-
mir », ou même que celui auquel on prescrit des somnifères : il s'ensuit non seulement des effets sur le
développement de ses facultés intellectuelles, et
notamment de sa mémoire ; mais aussi sur sa croissance, via l'hormone de croissance...

Le premier sourire

Mais il est une observation qui, mieux que toute
autre, montre la « sémantisation » de la biologie par
la parole humaine : celle du premier sourire du nouveau-né. Nous avons entrepris de filmer ce premier
sourire. On place la caméra dans la salle d'accouchement ; on filme. Pendant ce temps, nous procédons à
un électro-encéphalogramme du bébé. Nous pouvons
grâce au film suivre les mimiques du nouveau-né en
même temps que les évolutions de son rythme céré-
bral. Et voici ce qui se passe : le bébé dort, il a les
yeux fermés. Tout d'un coup apparaît ce que nous

disons être un sourire! Si nous regardons ce qui se passe sur le tracé encéphalographique, nous voyons que le bébé vient d'entrer dans la phase dite du « sommeil paradoxal ». Le sourire n'apparaît qu'à ce moment-là, comme une alerte cérébrale. Les recherches actuelles sur le sommeil nous permettent de préciser : le premier « sourire » est déterminé par une sécrétion bio-électrique du cerveau, un neuropeptide.

Vous imaginerez difficilement une mère s'extasier devant son nourrisson en s'exclamant : « Il vient de sécréter un neuropeptide! » La maman voit un sourire; elle interprète la mimique faciale comme un sourire. Disons brutalement qu'elle fait un contresens. Mais les conséquences de ce contresens initial s'avèrent considérables. Car la voici qui, émue et réjouie, veut manifester « à son tour » sa tendresse. Elle s'approche de lui, le serre dans ses bras, l'embrasse; elle crée autour du nourrisson un monde sensoriel de chaleur, d'odeur et de proximité vocale. Résultat : elle stimule la fameuse hormone de croissance du bébé! Et cet effet nous pouvons le repérer grâce à notre encéphalogramme puisque nous savons que le stade 3, qui prépare le sommeil paradoxal, constitue le stade lent qui stimule la base du cerveau et provoque la sécrétion de cette hormone. Nous pouvons maintenant expliquer le « nanisme » affectif : des enfants très petits, aux membres grêles, sans nette différenciation sexuelle de la physionomie.

Concluons : en l'occurrence, notre adulto-morphisme spontané se trouve avoir d'excellents effets pratiques. En conférant un sens, par un contre-sens, à la contraction musculaire du bébé, la mère modifie le rythme biologique de son développement! La biologie humaine, dès le premier moment, se trouve façonnée par la parole! Les mères dépressives fournissent un contre-exemple. Le cas n'est mal-heureusement pas rare. On sait que beaucoup de femmes sont victimes d'un épisode dépressif après l'accouchement; ce que nous appelons la « dépression du post-partum ». On estime même à une femme sur quatre le nombre de celles qui y sont sujettes.

Lorsqu'on procède à une observation du même type dans de tels cas, on voit le bébé sourire, et la mère rester de marbre. Lorsqu'on l'interroge, elle vous dira qu'elle s'est interdit tout geste vers lui. Et l'on entendra ces phrases terribles : « Je n'aurais jamais dû le mettre au monde », « je regrette d'avoir fait un enfant », « avec tout ce qui l'attend... ». Elles expri-ment ainsi leur insoutenable angoisse, mais, par leur absence de réaction au sourire, elles créent autour du bébé ce que j'appelle un « monde sensoriel froid » : ni mimique faciale, ni odeur, ni contact. L'ontogenèse du sommeil se fait alors plus difficilement, et la crois-sance de l'enfant s'en trouvera retardée.

Ce qui vaut pour la croissance des enfants vaut aussi pour la différenciation sexuelle des petits gar-

çons et des petites filles. De la même façon, on voit
s'introduire, dès la naissance, le sens dans la biologie
même. Si vous observez, selon nos méthodes, la première toilette d'un bébé, vous constaterez que les
mères ne saisissent pas leur bébé de la même façon
selon qu'il s'agit d'un garçon ou d'une fille. On a
même pu dresser des cartes, ou si l'on veut des atlas,
figurant la fréquence du contact corporel entre la mère
et l'enfant selon les parties du corps. On voit qu'un
véritable façonnement sexuel de comportement du
bébé se met tout de suite en place : le garçon sera
régulièrement empaumé par les épaules, et son ventre
sera rarement touché. Alors que les fesses de la fille
seront régulièrement empaumées, et son ventre
caressé! L'ethnologue Hélène Stork a pu faire de très
étonnantes comparaisons quant aux contacts corporels
entre mère et enfants, en les observant en Afrique et
en Asie. Elle a constaté que la même sexualisation du
geste d'empaumement y existait, mais que, de surcroît, au lieu d'y être « spontané », implicite comme
chez nous, elle s'y trouvait souvent prescrite par la
culture.

De même, on a pu montrer comme le sourire se
trouvait sexualisé : les bébés filles sourient plus que
les garçons parce que leurs mères leur sourient davan
tage. Il suffit d'observer à l'œil nu une cour d'école
pour voir l'efficacité de cette sexualisation précoce des
enfants : petites filles et petits garçons se trouvent

d'ores et déjà socialisés selon des codes très différents.
Le façonnement sexuel du comportement du petit a
réussi, il correspond strictement à l'image que la
société des adultes se fait du rôle qu'elle attribue à
chacun des sexes. Le bébé se trouve ainsi imprégné
par ces codes culturels dès qu'il vient au monde!

Pouvons-nous dire, sur la base de telles observations, que le comportement humain est soumis à
une manière de destin dont les ressorts combine-
raient des éléments biologiques, sémiologiques et
linguistiques? À propos de l'accès à la parole des
« enfants-placards », on a déjà remarqué que ne
jouait en réalité aucun déterminisme isolé. Un
exemple, très différent, permet d'affiner ce jugement. Je veux parler de ce que nous appelons les
« dépressions de déménagement ». Il s'agit de personnes qui, âgées de trente à cinquante ans,
tombent soudain dans une lourde dépression à
l'occasion d'un déménagement normal; ou encore,
cas plus fréquent, ce sont des personnes âgées qui,
ayant passé leur vie active à la ville, veulent
prendre leur retraite à la campagne, au soleil, en
France « sur la Côte ». Combien d'entre eux se
retrouvent dépressifs au moment même où ils réa-
lisent enfin ce rêve! Un rêve auquel ils ont beaucoup sacrifié. À l'âge de soixante-dix ans, de telles
dépressions peuvent avoir une issue fatale. Les

médecins varois connaissent très bien ces innombrables cas d'anaclitisme[2] des vieillards que leurs confrères parisiens ignorent. Heureusement, bien que ces cas s'avèrent fréquents, ils ne représentent pas la règle. On peut déménager sans déprimer. Comment alors expliquer ces singulières dépressions? Dans tous les cas que nous avons pu analyser, nous avons découvert l' « empreinte » précoce d'un « déchirement » affectif qui a laissé une trace. Longtemps cette trace s'est trouvée inactivée; le déménagement la ravive avec des conséquences plus ou moins dévastatrices.

C'est ainsi que l'on voit des gens qui ont, comme ils disent, « tout pour être heureux » (j'ajoute toujours : « sauf le bonheur! ») sombrer dans une dépression sévère. Ils se laissent mourir et n'osent pas en parler parce que la cause apparente − avoir quitté son appartement − leur paraît dérisoire! Mais ils se trompent sur la « cause ». Lorsqu'on les interroge, on découvre qu'ils ont été hospitalisés dans leur enfance, et ont déjà au moins eu une occasion, souvent très profondément enfouie dans leur mémoire, de se trouver dans un état d'anaclitisme. Il leur restait de ces temps anciens une trace de vulnérabilité au fond

---

2. *Anaclitisme* : d'abord utilisé pour traduire le *anlehnung* de Freud. Ce qui revenait à la notion de « privation d'étayage ». Actuellement utilisé pour décrire une pathologie affective en voie de développement : la privation d'attachement qui prive de base, de sécurité, de quelqu'un sur qui prendre appui : « Je n'ai personne sur qui compter. »

d'eux-mêmes que la vie avait inactivée; le déménagement réveille la douleur enfouie dans la mémoire.

Il y a des conclusions thérapeutiques à tirer de cette observation. La première consiste à ne pas se contenter de prescrire des vitamines lorsqu'une personne consulte dans une telle situation. Certes la personne se dit « fatiguée », « lasse », mais les vitamines n'auront évidemment aucun effet. La deuxième conduit à déconseiller aux gens âgés de déménager. Si le déménagement s'avère inévitable, il faut avertir la personne et son entourage de ce qui risque de se passer, afin que tous ensemble soient préparés et fassent front.

Mais il y a aussi, de l'ensemble de ces observations, des leçons théoriques à tirer autant sur la méthodologie de l'éthologie humaine que sur la philosophie de l'homme qui l'inspire et qu'elle conforte de ses observations.

IV

LA LIBERTÉ PAR LA PAROLE

L'inné acquis

Voilà des décennies que les psychologues se divisent sur la question de savoir si tel comportement humain doit être considéré comme « inné » ou « acquis ». Cette dispute a rebondi de façon très virulente à propos de l'utilisation des tests d'intelligence et de la mesure du « quotient intellectuel » : le célèbre QI. Mesure-t-on là des aptitudes innées, voire héréditaires, ou, comme certains l'ont soutenu avec des arguments convaincants, une adaptation plus ou moins réussie aux normes scolaires occidentales ?

L'un des bénéfices majeurs de l'approche éthologique des comportements humains permet d'éviter l'usage de ces pseudo-concepts massifs et de montrer pourquoi ils ne correspondent qu'à un faux problème. Eysenck estimait que dans le comportement humain la part de l'inné représentait 80 %, celle de l'acquis 20 %. Sur la base de notre expérience, nous dirions volontiers que l'inné y représente 100 %, et 100 %

l'acquis. Ou, ce qui revient au même, que rien n'est
« inné » et rien n'est « acquis ». Nous venons d'en
trouver des exemples multiples : l'acquis ne se trouve
jamais acquis que grâce à l'inné, qui lui-même s'avère
toujours à façonner par l'acquis!

En réalité ce qu'on présente comme une dis-
cussion fondée, de part et d'autre, sur des observations scientifiques nous apparaît comme un avatar de
l'antique partage occidental, théologisé, puis philo-
sophisé, de l'âme et du corps. Les partisans de l'âme
s'opposent inlassablement aux partisans du corps. Les
mots changent; on parle d'organogenèse, de psycho-
genèse... mais la vieille opposition demeure. Pour
montrer comment il ne s'agit en définitive que de
l'habillage scientifique d'oppositions idéologiques, je
me suis saisi de l'occasion des élections présidentielles
de 1974 pour me livrer à une petite expérience : il se
tenait alors un énième colloque du CNRS sur l'inné
et l'acquis. La passion habituelle s'exprimait entre
clans adverses. J'ai voulu savoir comment se réparti-
raient les votes des deux écoles, ceux qui en tenaient
pour l'innéité (génétique) du comportement, et ceux
au contraire qui se montraient partisans de l'acquis.
Mes collègues ont bien voulu répondre à mon petit
« sondage », et j'ai pu constater que presque tous les
partisans de l'inné allaient voter pour Giscard
d'Estaing, alors que les partisans de l'acquis s'apprê-
taient à donner leur voix à Mitterrand! Ce petit jeu,

on a dû le refaire souvent : il s'agit bien de deux « conceptions du monde », deux représentations de l'homme qui s'affrontent. Et voilà pourquoi il n'y a aucune manière de trancher scientifiquement un tel débat. Si vous pensez que l'inné prédomine, cela signifie que vous tenez l'homme pour soumis à la loi de l'univers, en l'occurrence à la loi des chromosomes... Et comme il règne une certaine inégalité parmi les hommes, vous l'expliquez par l'inégalité desdits chromosomes. Si au contraire vous avez l'idée que c'est le milieu, ou, comme on dit aujourd'hui, l'environnement qui est déterminant, vous « dématérialisez » ou, en tout cas, vous « débiologisez » l'homme. Du coup, vous pensez qu'en modifiant le milieu vous pouvez changer l'inégalité entre les hommes, voire l'homme lui-même pour l'améliorer. Cette représentation vous engage socialement : vous manifestez, vous luttez...

Il n'y a pas un gramme de science là-dedans ni d'un côté ni de l'autre. Il s'agit de philosophie intime! Le drame, c'est que cette philosophie, l'État peut s'en emparer pour l'officialiser. Pensez aux nazis : on sait à quelles atrocités systématiques les ont conduits leur culte de l'inné et la pseudo-biologie sur laquelle ils ont tenté de le fonder. Mais pensez aussi aux Soviétiques de la période stalinienne : ils en tenaient fermement pour l'acquis. Ils annonçaient ainsi la venue d'un « homme nouveau », rejeton

espéré de la société sans classe. Mais il faut aussi
savoir qu'en URSS, dans les années 1950, il était
interdit, par voie d'affiches, de parler de « chromosomes » à une époque où nulle part ailleurs au monde
on ne pouvait douter de leur existence, puisqu'on les
photographiait chaque jour en laboratoire... Les chromosomes étaient « interdits de séjour », ou plus exactement « interdits d'existence », par le « matérialisme
dialectique », alors même qu'à Marseille nous faisions
nos premiers caryotypes. J'ai vu à Bucarest des étudiants en médecine qui devaient passer un examen de
marxisme à fort coefficient! En leur rendant visite à ce
moment-là, d'abord stupéfait, je n'ai pu m'empêcher
de sourire : certains, avant de réciter leurs cours de
marxisme devant le redoutable jury, faisaient leur
signe de croix!

Mon chien a été élevé dans un milieu où l'on
chante la *Tosca* tous les jours, et il n'a jamais appris à
chanter la *Tosca*! La preuve que le gène a bien son
mot à dire, si l'on peut dire. Mais si vous élevez un
chat dans l'isolement sensoriel le plus complet possible, son cerveau s'atrophie; et si, à l'inverse, vous le
placez dans un milieu d'hyperstimulation sonore,
affective, olfactive, gustative, visuelle... son cerveau se
développera plus que la moyenne des cerveaux de
chats. Telle est la fonction de l'épigenèse. C'est bien
le milieu qui construit l'appareil à percevoir le
monde; mais cette construction s'effectue à partir de

cette promesse initiale qu'est le chromosome, pour donner un cerveau de chat. Et le milieu produit chaque jour mille cerveaux de chats différents qui se présenteront toujours comme des cerveaux de chats. Disons savamment que la constitution du monde de chaque animal est soumise à la double contrainte génétique et épigénétique.

Introduire à l'intérieur de cette double contrainte, pour en dissocier les termes, une alternative – genèse ou épigenèse? – c'est s'engager dans un cul-de-sac conceptuel. Peut-être faut-il mettre l'obstination que nous mettons à nous fourvoyer dans de telles impasses au compte des oppositions binaires que nous cultivons dès l'enfance : ce qui n'est pas grand est petit, qui n'est pas homme est femme... Nos philosophies intimes succomberaient en fin de compte à un « binarisme » infantile.

L'éthologie combine ses conclusions à celles de la neurobiologie pour mettre au contraire en lumière l'extraordinaire plasticité du cerveau humain et pour tirer parti du fait que le jeu de la double contrainte reste toujours ouvert. Si rien ne s'efface, rien n'est jamais définitif dans le développement d'une personne humaine. Peut-être est-ce sur la question de la perception qu'elle a jusqu'à ce jour apporté les éclaircissements les moins contestables : nous avons en effet découvert que toute perception se présente non comme une simple réceptivité, mais comme une activité sélective, que la construction de l'appareil à percevoir est solidaire de l'acte de percevoir. Mais pour apporter ces démonstrations, il nous a fallu mettre en œuvre des méthodes qui, précisément, « forment » notre perception, utiliser des instruments (films, magnétophones, analyseurs de fréquences, magnétoscopes) et élaborer des protocoles d'observation reproductibles qui nous permettent d'échapper aux pièges de l'observation naïve, et d'y voir clair dans son fouillis premier.

Rendons une dernière fois visite à nos singes. Chaque soir, on voit dans une troupe de macaques se désigner un « guetteur ». On sait que les singes ont une organisation sociale qui comporte un groupe de mâles dominants. C'est parmi ce groupe, ou collège de dominants, que se recrute le guetteur. On le voit se redresser, son pénis se colore en rouge, les poils restent blancs et les bourses se colorent en bleu. Un véritable drapeau! Il regarde alentour; les autres singes ralentissent, ils se mettent à faire leurs nids, mâles, femelles et petits, puis tout le monde s'endort. Il sera, ce soir, celui qui veillera, et repérera l'ennemi éventuel...

On peut bien sûr expliquer cet extraordinaire rituel quotidien par la chimie. Les signes extérieurs du guetteur répondent à la sécrétion d'une hormone très simple que nous connaissons bien : la mélatonine que produit la base du cerveau, et dont les récepteurs périphériques sont le scrotum et la verge.

Mais comment expliquer l'individualisation du guetteur? Qu'il n'y en ait qu'un, chaque soir? Et que ce ne soit pas toujours le même; mais qu'il appartienne toujours au groupe dominant parmi les mâles? Pour le comprendre, il faut observer attentivement la journée des singes; et l'on découvre que celui qui se désigne ainsi est celui du groupe qui a passé la meilleure journée : il a bien mangé, n'a pas été agressé, il a éventuellement gagné quelques combats hiérarchiques...

De fait, un singe stressé, fatigué, sécrète moins de mélatonine... C'est l'histoire antérieure qui explique le comportement observé, lequel a une base biologique très précise. La simple observation vous enseignera que ce guetteur pousse un cri particulier lorsqu'un aigle plane dans le ciel. On voit alors le groupe des singes plonger à terre en une fraction de seconde. Si c'est un léopard qui se présente, le guetteur à nouveau pousse un autre cri : la troupe immédiatement se précipite pour grimper aux arbres.

Il faut utiliser un magnétophone pour comprendre ces comportements stupéfiants. En analysant les cris, on découvre alors que les deux types de cris ne présentent pas la même forme. Toutes les composantes biophysiques des cris contribuent à organiser un signal qui est différent selon qu'il s'agit de l'un ou de l'autre des deux ennemis mortels du singe : celui qui vient du haut, celui qui surgit d'en bas. On peut le vérifier en reconstituant artificiellement ces cris et en les faisant entendre aux singes : les comportements de fuite se reproduisent identiquement en l'absence de tout danger réel.

Il faut donc savoir observer les animaux, et inventer, monter artisanalement des « trucs » pour étudier leur comportement. Au nombre de ces « trucs », il en est un qu'utilisent la plupart des éthologues : ils nomment les animaux! Il ne s'agit ni de plaisanteries de potaches prolongés ou attardés ni de sentimentalité mal contrôlée. En fait, dès que l'on nomme des animaux, on les observe beaucoup mieux. Appelez un macaque Napoléon, un autre Nietzsche, et un autre BB; s'il y en a un qui est chauve et pensif, donnez-lui le nom de Giscard, et vous pourrez plus aisément décrire leurs faits et gestes, les relations qu'ils entretiennent entre eux. Dernière concession à l'anthropomorphisme de spécialistes qui s'évertuent à s'en délivrer! Ils ne peuvent pas s'en délivrer tout à fait car ils sont hommes et parlent. Mais eux, au moins, savent que ce piège existe.

S'il ne s'agit pas à proprement parler d'expérimentation, on peut dire qu'on procède ainsi à une « observation dirigée ». Non seulement nous devons guider notre regard par une série de questions préalablement élaborées, mais il nous faut interpréter ce que recueille ce regard. D'où le rôle considérable que nous faisons jouer à la caméra. On l'a vu à propos des biches, comme du sourire du nouveau-né ou du pointer du doigt. À l'œil nu, on ne voit que ce que l'on pense. Dès l'instant où l'on introduit la caméra, on voit des choses que l'on avait sous les yeux et qu'on n'apercevait pas. L'usage du magnétoscope et l'utilisation du ralenti représentent de ce point de vue un progrès considérable; ce sont les accélérateurs de particules de l'éthologie. Combien avons-nous fait de « découvertes » après coup, en ne nous lassant pas de repasser nos cassettes!

Les méthodes de l'éthologie contribuent ainsi aux progrès de la connaissance. Mais on a vu que, coordonnées aux pratiques de la clinique psychiatrique, elles permettent aussi des progrès dans la thérapeutique de certaines affections parmi les plus graves.

Une assistante sociale m'avait demandé d'examiner une petite fille, née d'inceste. Ces naissances sont bien plus fréquentes qu'on ne le pense. Mais pour recueillir cette information, il faut suivre des voies marginales. Souvent les grossesses sont perturbées. La jeune mère hébétée, prostrée ne peut à la naissance s'occuper de l'enfant, lequel est parfois mourant d' « anaclitisme », retard de développement accompagné de tristesse, de mutisme, d'anoxerie,

—

d'insomnie et de perte de poids. Entendons-nous bien : l'enfant a une mère, de la nourriture, une maison... vu de l'extérieur, il a « tout pour être heureux ». Mais il lui manque l'essentiel : une interaction affective chaleureuse. Le pédiatre appelé avait constaté une déshydratation et une dénutrition alarmantes ; il avait fait admettre l'enfant en réanimation pédiatrique. La petite fille avait été sauvée, puis rendue à la famille. Quelques semaines plus tard, à nouveau l'enfant se mourait. Les pédiatres disaient : « Les parents ne savent pas soigner cette enfant ; ce n'est pas normal... » En fait ce qui avait manqué à cette petite fille, c'était une « figure d'attachement ». Je savais que pour donner à l'enfant le désir de communiquer, mais aussi de boire et de manger, il faut qu'il y ait une présence affectueuse maternelle ou maternante (s'il s'agit du père). Et je tirais ces idées de mes laborieuses observations comparées sur les animaux et les nourrissons ! Bien des anorexies relèvent de ce diagnostic, et plongent ainsi leurs racines dans ces strates affectives archaïques de la formation de l'individu.

C'est en échappant aux contraintes immédiates des impressions et stimulations provenant du monde extérieur que l'être vivant pénètre dans le monde du sens. Ou, pour mieux dire, cet « échappement » constitue son monde en tant que doué de sens. Cet « échappement » comporte des degrés, qui suivent, pour l'essentiel, ceux de l'échelle animale telle qu'on

LA LIBERTÉ PAR LA PAROLE

peut la concevoir aujourd'hui. On peut les qualifier
de « degrés de liberté » : la marge s'accroît, le jeu de
sens s'amplifie à mesure que l'on « monte », du pois-
son au chimpanzé. Lorsqu'on parvient à l'homme, on
atteint le plus haut degré que nous connaissions : son
monde, par le langage, se trouve être, de part en part,
un monde de sens. Même sa réalité « biologique » se
développe et fonctionne sous l'empire du sens, dès sa
naissance qui se présente comme naissance au sens,
comme accès à un réseau codé de sens qui ont déjà
déterminé la naissance comme un événement de sens.

Les structures de l'activité perceptuelle font bien
apparaître cette liberté par rapport à l'espace : les
proximités ne cessent de se desserrer. Le temps se
trouve soumis au même processus. Mais, avec
l'homme, le saut est peut-être plus grand encore. Sans
doute le singe est-il capable d'anticipation. On vient
de voir que tel ou tel de ses comportements — comme
celui du « guetteur » — renvoie à l'histoire de la journée passée. Mais cette durée reste étriquée. Lorsqu'il
s'agit de l'homme, cette histoire s'affole, elle ouvre
sur un passé infini, elle donne sur un horizon qui peut
toujours reculer. La parole possède une fonction émotive inouïe qui nous permet de pleurer pour un événement survenu il y a vingt ans, ou d'espérer une situation qui ne se présentera que dans dix ans. Le sens,
introduisant l'absent dans le présent, peut plonger,
par lui, dans un passé dont on ne voit pas de limites,
pas plus qu'on n'en discerne à l'avenir.

Un tabou : les incestes réussis

Pour un éthologue, la « liberté » humaine ne fait aucun doute : il ne s'agit pas de la chimère théologico-juridique du « libre arbitre » reprise par les philosophes pour l'attribuer à l'âme, comme attribut principal ; il s'agit de cette liberté matérielle, qui s'exprime dans ses compétences langagières, et qui trouve ses bases biologiques dans l'infinie plasticité du cerveau et de ses réseaux neuronaux. Autrement dit : si le développement humain n'apparaît nullement exempt de toute détermination, les déterminismes qui s'y manifestent se présentent comme séquentiels, provisoires et révisables, donc innombrables. Tout déterminisme humain est momentané.

Voilà pourquoi il me paraît impossible de parler de l' « animalité de l'homme », comme trop de biologistes aujourd'hui sont tentés de le faire, après bien des éthologues hier, au nom d'un « matérialisme » réel mais réduit à la portion congrue, nécessaire et insuffisante.

Qu'il s'agisse d'un fantasme, bien des témoignages historiques l'indiquent. Que l'on songe aux enfants trouvés que l'on plaçait à l'hôpital des Innocents à Florence. Les médaillons d'Andrea della Robbia montrent qu'on y entourait leurs membres de bandelettes que l'on serrait le plus possible, car l'opinion prévalait alors que si l'on ne maintenait pas ces enfants (proches de la nature) dans une posture contenue, leur animalité allait s'exprimer. La preuve, disait-on, ils marchent à quatre pattes! On interprétait à contresens un « fait » indiscutable – les petits enfants et les grands enfants abandonnés marchent à quatre pattes. Nous savons que c'est le manque d'affection, et non une irrésistible pulsion animale, qui les empêche de tenter l'aventure de la bipédie.

Sans doute ce fantasme est-il particulièrement puissant dans le monde chrétien où l'animal n'apparaît jamais comme un danger extérieur à l'homme, mais comme sa menace intime. L'idée d'animalité s'y trouve associée à celle de chute, et de nombreuses pratiques « pédagogiques » ont été guidées par le souci de combattre cette animalité toujours prête à resurgir. Le combat du ça et du surmoi freudien entrait bien dans cette culture. Cette hantise a sans doute dicté bien des conduites que nous jugeons abusivement contraignantes. Peut-être aussi a-t-elle permis que le soin des enfants soit continu et attentif dans notre civilisation? Car par ailleurs, les ethnologues nous ont montré ce qu'il en coûtait, pour les sociétés, de se déritualiser.

Le monde humain apparaît ainsi par nature culturel, car un homme sans culture n'est pas un être naturel. C'est un amputé non viable. Le monde humain est un monde de « profondeur », spatiale et temporelle, grâce à l'existence de la parole. Voilà pourquoi les éthologues aujourd'hui se tournent de plus en plus vers les ethnologues et, tout spécialement vers les linguistes, même s'ils restent toujours attentifs aux résultats obtenus par les neurobiologistes.

On sait que la notion de « culture » se trouve chargée d'équivoques multiples. Claude Lévi-Strauss avait, on s'en souvient, fait du tabou de l'inceste « la démarche fondamentale dans laquelle s'accomplit le passage de la nature à la culture ». Mais nos observations ne vont guère dans ce sens : nous ne remarquons guère d'inceste chez les animaux ; et, par contre, nous constatons que l'inceste est extrêmement répandu chez l'homme. Non seulement les incestes « malheureux » qui brisent la vie de tant de nos patients et de nos patientes ; mais − on n'en parle guère − tous les incestes « réussis », vécus dans le bonheur secret.

C'est une aventure curieuse qui est en train de se mettre en place avec notre description des incestes amoureux. D'abord Norbert Sillamy avait proposé le terme d'inceste heureux, mais l'évolution des « couples » nous a obligés à préciser le terme et à parler d'incestes amoureux, plutôt que d'incestes heureux, car vous savez comment se terminent les histoires d'amour... et les amours incestueuses ne peuvent pas se terminer par le mariage. Alors elles doivent rester secrètes, hors société, et intenses... tant que dure l'amour.

L'hypothèse nous était venue au cours d'observations d'éthologie animale qui nous avaient enseigné que les animaux sans attachement pouvaient s'accoupler, même s'il s'agissait de mère et de fils, alors que les animaux attachés inhibaient leurs comportements sexuels même s'ils n'avaient aucune parenté génétique. Le simple attachement inhibait le sexe.

Nous avions constaté que ce processus d'engourdissement du désir sexuel se manifestait beaucoup dans les couples humains depuis que l'espérance de vie sexuelle était augmentée par l'amélioration de notre technicité.

Les hommes continuaient à avoir des érections nocturnes, preuve de leur aptitude biologique à la performance sexuelle, alors qu'ils échouaient régulièrement dans leurs tentatives avec la femme qu'ils aimaient... tendrement. Les aventures extra-conjugales marchaient très bien... au risque de l'amour et de son pouvoir destructeur-reconstructeur. Tomber amoureux à vingt ans donne la force de quitter sa famille d'origine pour tenter l'aventure sociale et construire une famille d'alliance. Tomber amoureux à cinquante ans donne encore la force de quitter sa famille d'alliance pour tenter l'aventure de créer une autre famille d'alliance. Pourtant l'ambiance n'est pas la même, car la destruction-reconstruction ne se situe pas dans le même temps d'une vie et n'a pas les mêmes conséquences affectives.

Pourtant, la manipulation animale posait une question théorique importante, confirmée par la clinique humaine : l'attachement engourdit le désir.

D'où l'hypothèse issue de cette question théorique : lorsque des apparentés n'ont pas pu tisser l'attachement, rien n'empêche la réalisation de leurs désirs sexuels, pas même l'interdit de l'inceste.

Dès lors, j'ai été étonné par la vitesse à laquelle nous avons recruté les informations cliniques qui confirmaient cette hypothèse. Les frères et les sœurs trop longtemps séparés, lorsqu'ils se retrouvent sous le même toit, se considèrent comme deux jeunes gens désirables. L'attachement ne les engourdit pas, l'interdit ne les arrête pas. Mais cet inceste amoureux n'est pas heureux. La plupart des couples se séparent après une période amoureuse. Ils partent parfois, après un conflit-prétexte, souvent sans explication et ils n'en parleront plus jamais, pas même entre eux.

Pourtant certains couples gardent au fond d'eux-mêmes cet amour secret. Ils vivent en cachette sous de faux noms. Souvent ils se marient avec un autre pour se contraindre à la séparation, mais gardent une intense affection pour l'autre-incestueux.

Les incestes beau-père-fille vont dans le sens de cette hypothèse tant ils sont fréquents. Mais notre propre culture occidentale n'a pas toujours nommé inceste cette rencontre sexuelle, puisque Molière nous raconte comment un tuteur pouvait épouser sa belle-fille, le plus légalement du monde lorsque sa femme venait à mourir, ce qui n'était pas rare à l'époque. Ceci prouve à quel point « inceste » est un mot qui réfère à des circuits de parenté étonnamment différents selon la culture.

Les incestes père-fille sont plus fréquents qu'on ne le croit. Je ne parle pas des incestes sadiques, avinés, brutaux, scandaleux dès qu'ils tombent sous le regard social. Je parle d'incestes amoureux où l'on note toujours un trouble de l'attachement parce que la séparation a été totale, ou que les séparations ont été brèves et répétées, ou encore que, dans ces familles à transactions incestueuses, l'attachement se tissait mal, autorisant ainsi l'acte sexuel.

Là où notre étonnement a été le plus fort, c'est quand nous avons recueilli des témoignages d'incestes mère-fils, répétés pendant plusieurs années au cours d'une véritable liaison amoureuse.

Là encore, ces incestes se sont terminés par des départs, lorsque les fils sont tombés amoureux par ailleurs. Pourtant, la tonalité affective des départs était très différente selon le sexe. Lorsque les filles tombaient amoureuses d'un autre homme, elles se mettaient à détester leur père, comme s'il fallait un deuxième amour pour donner au premier la significa tion d'un inceste. Ces femmes expliquent souvent que l'intensité de l'amour était si forte qu'elles n'avaient pas compris qu'il s'agissait d'un inceste !

Les fils incestueux ont eu des réactions plus douces et silencieuses. Quand ils tombent amoureux par ailleurs, ils quittent leur mère-amante, en secret, sans reproche, avec au fond du cœur une sorte de nostalgie et même de gratitude qui restera toujours secrète.

Que nous sommes loin de la théorie! Pas de violence dans tout ça, ou rarement. Pas de psychose non plus, comme le souhaitait Freud.

Deux questions pour ce travail encore en élaboration : il a suffi que je parle en public de mon hypothèse issue des milieux éthologiques pour que je reçoive dans mon cabinet des personnes ou des couples venus confirmer la validité de cette hypothèse et les conséquences jamais écrites et jamais pensées de cet inceste amoureux.

Mais surtout ce qui m'a frappé, c'est la réaction des professionnels de la psychologie lorsque je leur apportais cette information : ils déniaient!

Une jeune femme qui assistait à une de mes conférences sur ce sujet n'a pu s'empêcher de se tourner vers son ami médecin et lui a dit : « Cette histoire m'est arrivée. » Son ami lui a répondu : « C'est impossible, tu as dû rêver. »

Lorsqu'un fait échappe à la culture, la pensée sociale doit le rejeter pour garder sa cohérence. Plutôt que de changer la théorie en assimilant le fait nouveau, la pensée sociale élimine le fait pour sauver la théorie.

Le tabou de l'inceste est très important pour nous représenter le fondement de nos sociétés. Alors le tabou de l'inceste, c'est aussi le tabou de le dire.

Cette manière de penser, ou plutôt de théoriser, de faire le ménage dans les faits pour nous donner du monde une vision cohérente, stable, pour éviter tout changement qui provoquerait trop d'angoisse et trop de fatigue, explique la possibilité de théories totalitaires qui elles, au moins, donnent des vérités et des certitudes non changeantes.

Quand Bruno Bettelheim est rentré des camps nazis et qu'il a voulu témoigner, la plupart des rédacteurs de revues américaines ont refusé ses articles en expliquant que sa douleur avait dû lui faire exagérer les faits...

L'aventure humaine de la parole

Il me semble que les travaux de bien des ethnologues ont, ces dernières années, remis en cause la solidité et l'universalité de ce que désigne le mot « inceste ». Contentons-nous d'accepter une notion de la culture qui la lie directement à la naissance de la parole et aux ensembles comportementaux socialement codés qui la soutiennent. Sociologues et linguistes permettent de confirmer bien des observations cliniques : la pratique de la parole apparaît indissociable de gestes, de sentiments et de comportements déterminés. Que l'on songe, pour ne prendre qu'un exemple, aux rituels de conversation : direction du regard, hochements de tête, silences, interruptions, synchronisations, positions et mouvements des mains. Chacun des éléments mis en jeu dans ce scénario se trouve être socialement codé. On peut ainsi établir des « profils de locuteurs », en retenant comme traits pertinents la position du visage, la posture générale du corps, et le placement des mains. Certains gestes ont une valeur de signes presque universelle, comme les gestes obscènes. Mais il existe une multitude de « prescriptions culturelles ». On sait, par exemple, que, pour un Japonais, regarder quelqu'un droit dans les yeux est un indice non de franchise mais de très grande vulgarité. D'un bout à l'autre de la planète, les significations bougent au point parfois de se renverser. Et c'est pourquoi la diplomatie a toujours été un art d'interprétation très subtil. À l'intérieur d'une même culture, des variations individuelles s'établissent qui signent l'existence de types de personnalité. On connaît, par exemple, dans nos pays, les hommes « coupeurs de parole »; lorsque deux coupeurs se rencontrent, ils entrent en rivalité. Le coupeur coupé tente de recouper en intégrant, en avalant, dans son propre discours ce que vient de dire son coupant. Les femmes quant à elles coupent beaucoup moins. Elles n'entrent pas dans la compétition; elles attendent, puis parlent d'autre chose.

De telles observations se trouvent confirmées par la clinique : lorsqu'on parle avec un psychotique, la

gestualité de la conversation n'est pas la même. Le
regard du patient est fixement dirigé vers le sol, les
silences tombent comme des pierres ; les thèmes sont
interrompus. Les psychothérapeutes sont épuisés par
l'entretien. Et le psychotique vous dira que le thérapeute est fou, qu'il répond toujours à côté aux questions qu'on lui pose... Les obsessionnels parlent très
lentement, d'abondance, sans ménager aucune pause,
mais leur parole est monotone et ils ne cessent de
vous fixer du regard. Ils ne manifestent jamais ces évi-
tements de regard qui apaisent les locuteurs.
L'impression s'installe que l'on « tourne autour du
pot », qu'ils n'arrivent jamais à dire ce qui est en
question. Et lorsqu'on veut prendre la parole pour les
y amener, ils montent la voix pour vous en empêcher.
Quant aux hystériques, leur conversation apparaît
plus intense du fait de leur gestuel exubérant, de leurs
synchronisations très fortes qui visent, en accompa-
gnant la parole du geste, à provoquer une forte contagion émotive. Lorsque la conversation s'achève, on
s'aperçoit que ce qui s'est transmis, c'est plutôt de
l'affectivité que de l'information.

La structure de la conversation, la manière de
parler participe donc à la contagion émotive que permet la parole.

Nous sommes loin de la parole désincarnée qui
crée si facilement un sentiment de sacré, à cause de
son fantastique et fulgurant pouvoir d'évocation de

choses totalement absentes. Cette parole-là, c'est la parole des religieux.

La parole éthologique, au contraire, est incarnée. Elle est faite de sonorités, de mélodies, rythmées par des silences, dans un co-texte de mimiques faciales exprimant des émotions verbales, de gestes soulignant ou « contredisant » le discours, et de postures donnant la parole à l'espace.

La parole psychanalytique se situe peut-être entre les deux, par l'effet sacré qu'elle induit, en évoquant un monde absent, et par l'effet affectif qu'elle provoque en faisant revivre des émotions passées et en les transférant, là, à une présence absente.

En faisant de la parole un objet éthologique, l'observateur cherche à rendre observable comment deux êtres parlants s'y prennent pour parler, et la forme que ça prend pour communiquer.

Mais le fait d'introduire l'histoire dans nos observations et la comparaison entre les espèces vivantes, amènent à formuler autrement la question sur la parole : le petit d'homme est d'abord un être sans parole, même si la parole maternelle le fascine d'emblée, et la plupart des êtres vivants ont perfectionné d'autres moyens que la parole pour communiquer. Ce qui amène à la question éthologique suivante : comment fait-on pour communiquer quand on n'est pas un homme, et comment fait-on pour communiquer quand on est un homme sans parole?

La zoosémiotique a permis d'analyser un corpus de communication animale qui décrit une syntaxe comportementale, faite de signaux visuels, tels que la couleur des plumes bleues et rouges des martins-pêcheurs, l'assemblage des couleurs jaune et rouge des becs de goélands, la phosphorescence « luciférique » des ventres des femelles de vers de terre et les poils blancs en forme de cœur sur la croupe des gazelles. Les postures volumineuses des mâles dominants, les gestes cambrés des femelles consentantes, les mimiques menaçantes des mammifères montrant leurs dents, constituent un véritable répertoire de signaux dont les assemblages variés peuvent composer des messages très riches et complexes.

Les signaux olfactifs permettent le « toucher » à distance, quand une molécule pénètre et touche le nez d'un mammifère ; le contact permet le toucher à proximité quand un grand singe touche la main d'un autre singe intimidé, ou touche les organes génitaux d'une femelle pour la rassurer, ou attrape le menton d'un petit pour mieux capter son regard.

Les signaux acoustiques remplissent l'atmosphère où chaque espèce utilise le son pour lui donner des formes extrêmement variables, où l'intensité, le rythme, la répétition, le changement, la fréquence, l'amplitude finissent par créer de véritables symphonies qui ont pour fonction de communiquer à distance des informations et des émotions.

Ces signaux s'enchaînent, s'organisent et s'harmonisent pour permettre aux deux participants de la communication de se synchroniser dans une véritable pragmatique de la sémiotique animale.

Les animaux peuvent donc communiquer, avec une très grande richesse, des mondes internes très organisés et différents, parfois même individuels : le chant d'un pinson peut se terminer par un trille qui caractérise ce chanteur-là, véritable signature chantée de l'individu.

Pourtant, si les linguistes nous autorisent à dire que la syntaxe et la pragmatique de la communication offrent aux animaux une richesse et une poésie expressive vraiment très grandes, ils nous conseillent d'être plus réservés sur la sémantique animale : le signifié est modeste dans les mondes non humains. Aucun être vivant non-homme ne peut transmettre une information en référence à un événement totalement absent. Ce qui stimule la communication doit être proche dans le temps et dans l'espace. Aucun pinson ne peut chanter la chanson du pinson français qui a chassé le pinson anglais de Normandie. Les pinsons n'ont pas d'histoire, même s'ils se développent bien, et que leurs chants sont étonnamment riches en informations variées. Aucun singe ne peut faire les gestes qui critiquent la pensée d'un autre singe, même si ces deux singes manipulent mieux que moi le langage des sourds américains.

Le langage et la pensée de l'animal s'enracinent dans le contexte.

Comment se fait-il qu'un homme soit capable de sémiotiser les bruits émis par sa cavité buccale au point de créer, grâce à ce truc invraisemblable, un monde totalement absent, totalement inexistant dans le contexte?

Mon chien sémiotise les émotions et, quand il menace, tous les hommes comprennent le message canin, quelle que soit leur langue. Mon chien communique plutôt bien ses intentions et tout le monde le comprend quand il veut sortir, manger, jouer, se faire caresser, ou même « se faire pardonner ». Cependant, il n'a jamais exprimé sa honte d'être bâtard; un jour où il se sentait en pleine santé, bien sécurisé dans son territoire, bien renforcé par l'amour de ses maîtres, je l'ai même vu dominer un chien de pure race, d'un prix exorbitant.

Et pourtant, un homme sans parole ne vit pas du tout dans un monde de chien, il continue à vivre dans un monde d'homme. Il ne peut plus le dire, mais il peut encore le faire savoir, car l'approche éthologique de la parole nous permet de soutenir qu'il existe une pensée sans langage. Elle s'organise autour des images, la compréhension s'effectue comme dans un déroulement d'images où pourtant les objets restent des objets d'homme.

L'augmentation actuelle de l'espérance de vie réalise une expérimentation naturelle très fréquente, où l'artère sylvienne gauche se bouche momentanément. Comme elle irrigue la zone cérébrale du langage, le malade perd l'usage de la parole pendant quelques heures puis, l'artère redevenant perméable, il peut à nouveau parler.

Quand on lui demande s'il pouvait encore penser pendant ces quelques heures sans parole, le malade est très étonné. Il répond régulièrement qu'il pensait comme dans un film sans parole, qu'il comprenait ce qui se passait autour de lui, mais qu'il ne pouvait y répondre que par signes gestuels. Il tente alors de s'exprimer par signes mais s'aperçoit souvent qu'il ne sait plus les faire. Alors il s'énerve, et l'éthologue observe que son visage et son corps savent encore exprimer les émotions qui constituent le répertoire émotionnel de notre espèce humaine : il a perdu l'usage des signes conventionnels, mais son corps sait encore exprimer les signaux universels de tout homme.

Cette observation fréquente en neurologie modifie un peu notre vénération de la parole. Ce qui différencie l'homme des non-hommes, ce n'est pas tellement la parole qui peut être considérée sous sa forme matérielle comme un objet sonore appartenant alors à tout être vivant, c'est surtout sa folle aptitude à sémiotiser.

Dès lors, tout peut faire signe : une chose peut se transformer en objet historisé, un bruit peut s'organiser en musique ou en mot, une couleur s'agence en tableau, une série de gestes peuvent se mettre en danse ou en représentation théâtrale. Ce pouvoir qui donne accès à un monde totalement absent peut imprégner quelques éléments d'informations ridiculement présents. La matière, réduite à la portion congrue, entre en résonance avec le signe pour créer l'immatériel. Mais cette matière est indispensable : au préalable, avant de parler, il faut que le développement de mon cerveau d'homme soit correctement programmé ; il faut que mes yeux rencontrent une figure d'attachement pour me donner envie de parler, il faut qu'autour de moi le bain parolier social des adultes m'imprègne.

Ce nouveau regard éthologique sur la parole en change le statut : la parole ne tombe plus du ciel, elle s'enracine dans le corps, dans l'affectif et dans le social.

Quelles conclusions tirer de ces observations sinon que l'être humain considéré en tant qu'individu est un être social ; son individualité ne se constitue que dans un champ de tensions affectives structuré par des paroles ? Toute philosophie ou toute psychologie qui l'ignore se fourvoie. Si la nature de l'homme consiste à être « culturel » au sens où nous l'avons dit, on comprend qu'être seul c'est ne pas être. On peut aussi porter un jugement sur ces morales du « repliement sur soi » qui sont, ces temps-ci, monnaie courante. En quoi l'éthologie humaine s'avère en définitive porteuse d'une « éthique », mais ceci reste à débattre.

DÉBAT

Dominique Lecourt et Boris Cyrulnik

DOMINIQUE LECOURT : *Votre formule paradoxale (100 % d'inné, 100 % d'acquis) destinée à remettre en question la populaire dichotomie qui alimente, en des sens divers, les discours psychosociologiques, notamment lorsqu'ils se réfèrent à une base génétique des comportements humains, résume-t-elle toujours votre pensée sur ce point ?*

BORIS CYRULNIK : La formule « l'inné et l'acquis sont nécessaires tous deux à 100 % » ne paraît paradoxale que dans un contexte culturel où le discours social sépare l'inné et l'acquis.

Or, beaucoup de cultures ne font pas cette séparation. Si l'on tente l'aventure de la pensée individuelle dans un contexte de la connaissance qui dit qu'un arbre n'est pas une chose, mais constitue plutôt le réceptacle de l'âme de nos ancêtres, nous ne ferons jamais l'hypothèse d'aller y étudier les tubulures qui permettent la montée de la sève, car nos ancêtres n'ont pas de sève ni de tubulures. Notre connaissance scientifique de l'arbre en sera diminuée, mais chaque objet deviendra chargé de sens et, dans ce contexte-là, aucune chose ne paraîtra bête, puisqu'elle est imprégnée par nos récits.

C'est notre culture occidentale qui pose le problème en termes séparatistes. Les résultats techniques de cette pensée clivante sont tellement bénéfiques qu'ils se répandent aujourd'hui sur la planète et séduisent d'autres civilisations. Mais ses effets maléfiques existent eux aussi, et nous constatons, en médecine, que plus la relation médecin-maladie s'améliore, plus la relation médecin-malade s'altère.

Alors on nous pose le problème en termes de choix, et c'est peut-être cela qui est absurde. Je suis émerveillé par les performances techniques de la résonance magnétique qui nous permet de voir le cerveau comme à ciel ouvert, sans même toucher au corps. Mais en quoi cette performance technique m'obligerait-elle à ne pas écouter l'histoire de la personne dont je viens de voir le cerveau?

Et pourtant, c'est ainsi que l'on nous forme dans nos universités : « Choisissez, nous dit-on, l'étude de la chose, l'objectivité qui donne accès à la maîtrise du monde, ou bien choisissez d'écouter l'autre et de le respecter, mais alors ce ne sera pas scientifique. » Cette alternative n'a pas lieu d'être. C'est notre discours social qui nous entraîne à raisonner ainsi. Et ce discours collectif est source d'action.

Cela ne me gêne pas que certains considèrent la part de machine qui est en moi, car je sais que mon articulation tibio-tarsienne fonctionne comme une mortaise de menuisier. Cela ne me gêne pas que certains découvrent dans mon cerveau un centre de régulation thermique, ou un récepteur de la protéine qui me coupe l'appétit. Mais ce qui me gênerait serait qu'ils ne voient que ça en moi.

Cela ne me gêne pas que certains s'intéressent à l'âme que j'essaye d'avoir, qu'ils s'adressent à mon goût pour la musique des mots ou pour l'histoire des hommes. Mais il m'ennuierait qu'ils condamnent à mort le chirurgien qui, en voulant m'opérer de l'appendicite, a été considéré comme blasphématoire parce qu'il ouvrait un corps conçu par Dieu.

Ce combat antique entre les Toutakis et les Toutinés me trouble, car j'ai constaté que leurs discours s'opposaient à leurs actes. Les Toutakis, gens de gauche qui se disent matérialistes, luttent contre la matière qui est en l'Homme et ne pensent qu'à organiser le milieu qui la sculpte, car on ne devient pas homme à partir de rien. Les Toutinés, gens de droite qui se veulent spiritualistes, organisent des groupes sociaux où ils se reconnaissent au moindre signe et, pour transmettre à leurs enfants les biens qu'ils ont acquis, ils organisent même des soirées dansantes, à niveau social convenable pour arranger les mariages d'amour de leurs angelots.

En fait, ces discours utilisent des mots scienti-fiques, pour habiller une idéologie cachée : les Touta-kis pensent qu'un énoncé verbal, une bonne loi, suffi-rait à régler leurs problèmes sociaux, alors que les Toutinés cherchent à nous faire croire que, s'ils pos-sèdent tant de biens, c'est parce qu'ils appartiennent à une humanité supérieure.

Les Toutinés transmettent leurs acquis, tandis que les Toutakis voudraient leur part de matière! Où est la logique scientifique, dites-moi?

L'éthologie animale propose une méthode d'observation qui apporte quelques fragments de réponse. Le déterminisme de la fusion des gamètes est uniquement physico-chimique : c'est l'acidité ambiante, la température, le taux de calcium qui frei-neront ou stimuleront le gamète mâle visiteur. L'œuf fécondé constitue un stock de promesses génétiques qui caractérise l'espèce, car il n'y a pas de fécondation entre espèces différentes. Mais si l'on pouvait suppri-mer l'environnement, grâce à la baguette magique, pas une seule promesse génétique ne serait tenue, car l'environnement façonne le développement génétique, dès le niveau cellulaire.

La genèse décrit comment la matière prend forme. L'épigenèse nous dit que chaque étage de la construction d'un même édifice est dû à un architecte différent. Et, plus tard, chez l'Homme, les récits intimes et sociaux poursuivront le processus qui, à

partir de la matière, nous permet de partir de la
matière.

Notre cerveau permet de rendre observable cette
idée. Toute une partie de notre cerveau est consacrée à
organiser nos comportements de survie : respirer,
boire, manger, se défendre et copuler. Les détermi-
nants de ce niveau de vie sont encore très proches du
biologique : un manque d'oxygène provoque une res-
piration accélérée, une augmentation de densité san-
guine lors d'une sécheresse déclenche un comportement de recherche de liquide, une agression
sensorielle augmente le cortisol sanguin... Ces
réponses sont fortement innées et déclenchées par le
milieu.

Ces premiers événements externes tracent dans le
cerveau une voie définitive qui durera tant que dure
l'organisme. Dès ce niveau élémentaire, l'inné et
l'acquis deviennent difficiles à démêler, car toute la
partie profonde du cerveau est façonnée par les premières empreintes, au point que de nombreux chercheurs baptisent « innées » ces acquisitions précoces!

Le gène fournit le code qui tricote la protéine,
celle qui, par exemple, colore nos yeux ou notre peau.
Mais, dès le niveau biologique, très peu de protéines
échappent au façonnement du milieu.

Quand la vie invente l'individu, quelle que soit
l'espèce, le gène le pousse dans son milieu où il prend
forme et se débat pour survivre, au plus près du biologique.

Plus tard, au cours du développement de l'embryon, le cerveau d'un très grand nombre d'animaux s'organise pour traiter les souvenirs et les émotions. Mais ce cerveau qui traite des informations déjà absentes ne peut se développer qu'à partir du cerveau précédent, qui traite les informations nécessairement présentes (oxygène, eau, température, hormones).

En fin de grossesse, le fœtus des mammifères développe son cortex, seul capable d'associer des informations à la fois présentes (toucher, lumière, son) et absentes (anticipation, mémoire et émotions retrouvées).

Enfin, le petit d'homme, vers le 15e-20e mois après sa naissance, va comprendre l'invraisemblable truc du signe : en passant une convention sensorielle entre deux personnes, il pourra enfin échapper à la matière, et naviguer dans la planète des signes. Si nous convenons que l'articulation des sons « tac-toc » désigne l'acte de boire ensemble ou que « lever le pouce » exprime une émotion de joie intime, il suffira désormais de produire cette sensorialité minime dont la forme est convenue, pour que la simple perception de cette forme sensorielle prenne la place de ce qui est absent mais ainsi désigné.

Désormais, c'est là que l'Homme habite. Mais si un seul étage de la construction bio-psychique vient à manquer, c'est l'ensemble qui s'effondre. Quand un gène code une maladie cérébrale, la condition totale s'altère aussi sûrement que quand un cerveau sain est privé de paroles. Voilà pourquoi l'inné et l'acquis sont nécessaires à 100 %, comme d'ailleurs chaque étage intermédiaire.

Méfiez-vous des Toutinés et des Toutakis. Il s'agit souvent de brigands sociaux qui utilisent les armes scientifiques pour défendre leurs propres intérêts.

D. L. : *Que pensez-vous, dans cette perspective, de la polémique aujourd'hui renaissante aux États-Unis sur le QI à l'occasion de l'ouvrage intitulé* la Courbe en cloche *?*

B. C. : La science est souvent invitée au bal masqué du quotient intellectuel. Tous les dix ans, un danseur salarié dépoussière ce bon vieux test et l'utilise pour la défense de quelques intérêts inavoués. Alors on proteste, on dépoussière à notre tour les bons vieux arguments qui calmeront le bal pendant dix ans... et cela dure depuis le Moyen Âge!

Si vous voulez, je peux vous réciter quelques arguments en pensant à autre chose, par exemple au prochain France-Angleterre de rugby bien plus ardu sur le plan intellectuel.

Quand Binet et Simon ont inventé le test au début du siècle, ils avaient un objectif de tolérance sociale. Ce test mesurait quelque chose que l'on ne connaît pas, mais que l'on nomme intelligence. Il permettait de prouver qu'un fils d'ouvrier pouvait réaliser les mêmes performances qu'un enfant de bourgeois. L'école devait donc s'adapter à cette notion, et elle l'a fait, puisque certains fils d'ouvriers ont pu entrer dans les grandes écoles. Mais elle l'a peu fait puisque le déterminisme social de la réussite aux concours est tellement puissant que les pourcentages d'entrée des enfants d'ouvriers restent faibles. On devrait donc en conclure que les ouvriers de Saint-Denis ont un QI inférieur aux habitants du boulevard Saint-Germain. Si l'on appliquait aux habitants de ces quartiers la méthode de mesure du QI, c'est probablement ce que l'on obtiendrait. Mais si l'on concluait que c'est grâce à une intelligence supérieure que les riches achètent des appartements coûteux, on commettrait une énorme faute d'interprétation, comme le font tous les travaux qui se servent de ce test pour justifier les inégalités sociales.

On pourrait facilement trafiquer les résultats, par exemple, en faisant passer les mêmes tests d'intelligence aux étudiants noirs de la faculté de Saint-Denis et aux immigrés portugais qui habitent les chambres de bonnes du boulevard Saint-Germain et parlent mal le français. On produirait ainsi le résultat suivant : les Noirs des quartiers pauvres de la banlieue parisienne ont un QI supérieur aux Blancs des quartiers riches : c'est donc leur grande intelligence qui leur permet d'habiter les logements misérables. Si vous le désirez, je peux vous « bidouiller » des tas de travaux de même facture, destinés à fournir un alibi scientifique à un objectif idéologique inavoué.

À l'époque où les aristocrates ne travaillaient pas, ils consacraient plusieurs heures par jour au maniement des armes. Quand ils provoquaient en duel un bourgeois ou un homme du peuple qui tenait une épée pour la première fois de sa vie, le combat devenait un assassinat maquillé. Ce qui n'empêchait pas certains penseurs d'en conclure que le sang bleu donnait une qualité physique supérieure.

Quand la science s'est développée au XIXe siècle et que le test du QI n'était pas encore inventé, on pensait que le cerveau, siège de l'âme, produisait aussi l'intelligence. Des chercheurs anglais ont donc pesé des cerveaux, les ont classés et en ont conclu que les cerveaux les plus bêtes étaient ceux des idiots, des gorilles et des Maltais. Les cerveaux les mieux classés étaient ceux des Français, des Allemands, et, devinez qui arrivait en tête (si l'on peut dire) des cerveaux les plus intelligents : les Anglais !

Les travaux sur le QI continuent cette noble tradition, issue de l'antique problématique inné-acquis. Mais si l'on s'entraîne aux raisonnements épigénétiques, on arrive à des conclusions très différentes : l'intelligence s'enracine dans les neurones du cerveau, dans la stimulation du cerveau et dans la rencontre des cerveaux.

La matière cérébrale constitue le sous-sol de l'aptitude à l'intelligence. Lorsqu'une enzyme intoxique les neurones, comme dans la maladie phénylpyruvique où un gène défaillant ne permet plus la dégradation des protéines qui se transforment alors en poison pour le cerveau, l'enfant ne peut traiter aucune information et devient débile. Mais un test biologique de dépistage soigneusement fait dès la naissance permet de proposer un régime alimentaire. L'organisme aura le temps de créer un substitut enzymatique, et, quelques mois plus tard, l'enfant rejoindra le développement de tous les enfants du monde, prouvant ainsi que, dès le niveau biologique, un mot disqualifie la conception fixiste de l'intelligence, c'est le mot « plasticité ».

Bien d'autres maladies génétiques ou chromosomiques correspondent à ce schéma : les enfants trisomiques anormalement gentils ont du mal à se scolariser et les déments du troisième âge ont de plus en plus de mal à lire Marcel Proust. Une constatation banale peut confirmer ces données cliniques et scientifiques de haut niveau : les soirs de cuite, je comprends mal Einstein ! Ce qui prouve que l'intelligence la plus abstraite ne peut pas faire l'impasse sur la matière cérébrale.

Le deuxième étage de l'édifice de l' « appareil à comprendre » est constitué par les niveaux affectifs et cognitifs qui se conjuguent pour stimuler les cerveaux.

La plasticité de l'intelligence qui existait dès le niveau neurologique devient très grande à l'étage affectif. Les enfants maltraités sont, dans un premier temps, totalement inhibés par leur sentiment de malheur. L'école leur paraît dérisoire. Incroyablement attentifs au moindre indice comportemental émis par l'adulte maltraitant, ces enfants ne perçoivent rien d'autre. Leur monde fasciné est rempli par la maltraitance. Ils n'entendent rien à l'école, ni les invites au jeu de leurs compagnons ni les phrases curieuses et dépourvues de sens prononcées par les enseignants.

À la moindre sécurisation affective, fournie par un adulte à l'occasion d'un changement de milieu, ou lorsqu'ils rencontrent un enseignant plein de talent humain, on assiste en quelques jours à un renversement perceptuel. Avides de réchauffement affectif, ces enfants « surinvestissent » soudain l'école pour établir avec l'adulte un lien affectueux et, plus tard, pour prendre sur la vie une revanche matérialiste ou une réparation intellectuelle. L'école devient le lieu du bonheur, alors qu'à l'époque de leur malheur familial l'école n'était qu'un lieu sombre et glacé où l'enfant ne comprenait rien.

Si vous faites passer le test du QI à l'époque de la vigilance glacée de l'enfant malheureux, vous obtiendrez un chiffre qui lui collera sur le front une étiquette de débile et, ainsi stigmatisé, nos circuits sociaux l'orienteront vers des institutions pour débiles, où, ni stimulé intellectuellement ni réchauffé affectivement, il deviendra en effet débile.

Si vous lui faites passer le même test quelques semaines plus tard, à l'époque d'une éventuelle rencontre affective, l'enfant fou d'amour, euphorisé et survolté, réussira d'excellentes performances. Alors vous en conclurez que, malgré son malheur, il est très intelligent, et vous en ferez une preuve de sa qualité biologique!

Pour cet ensemble de raisons, les études sur les enfants adoptés révèlent qu'ils s'approchent plus du QI de leurs parents adoptifs que de celui de leurs parents biologiques, mais pas totalement, confirmant ainsi l'idée que les stimulations affectives améliorent les performances cognitives, mais que certaines aptitudes neurologiques diffèrent selon l'équipement génétique des individus.

Le troisième étage du façonnement de l'intelligence est culturel et c'est là qu'il parle le plus fort. Si les études américaines montrent que l'intelligence se répartit dans la population comme une courbe en cloche, c'est qu'elles ont commis deux fautes énormes de pensée (on ne connaît pas le QI des auteurs du travail).

La première tient à ce que pratiquement toutes les études populationnelles produisent des courbes en cloche. Choisissez un item, n'importe lequel, je vous en ferai une courbe en cloche : la taille, le portefeuille

ou la course à pied produiront le même graphique...
C'est la méthode qui produit le résultat et non pas le
fait. D'autant que le QI est un chiffre produit par un
questionnaire. Changez les questions, vous changerez
le chiffre obtenu par les individus, mais la courbe sera
toujours en cloche. Ensuite, vous ferez dire à cette
courbe ce qu'elle n'a pas à dire : la partie gauche de la
courbe, celle des faibles QI, se retrouve essentiellement dans la population pauvre des Noirs américains,
alors que la partie droite, celle des hauts QI, se
retrouve chez les Blancs fortunés.

   Je vous propose de faire le même travail dans les
théâtres parisiens. Vous obtiendrez une courbe en
cloche où vous pourrez constater que, dans la partie
gauche, celle des places à bon marché, les crânes sont
différents de la partie droite, et vous en conclurez que
plus les places sont chères, plus les crânes sont
chauves, prouvant ainsi le rôle fondamental du poil
dans la hiérarchie sociale!

   L'enjeu politique d'un tel travail est clair : il faut
être bon avec les nègres, ce n'est pas leur faute s'ils
sont bêtes, c'est la faute de leurs chromosomes. On va
donc les isoler, leur donner de quoi survivre de façon
à laisser les bons Blancs faire la vraie culture. On a eu
la même attitude envers les femmes, quand on les
empêchait d'écrire et qu'on disait ensuite : « Voyez,
elles ne savent pas écrire. » (Aujourd'hui, elles
écrivent, et je connais des hommes qui regrettent le
passé.)

Admettons que la partie gauche de la courbe des QI se recrute surtout dans les quartiers noirs, ce n'est pas le pigment cutané qui atténue l'intelligence, ce n'est même pas la pauvreté, c'est la déritualisation culturelle. Tout enfant, quelle que soit la couleur de ses poils, affaiblit son intelligence si son cerveau n'est pas stimulé par l'affectivité familiale qui met en lumière certaines valeurs et par les organisations culturelles qui créent les structures où s'exerce l'intelligence.

Si les Tziganes apprennent si bien à jouer de la guitare, ce n'est pas parce qu'ils possèdent l'équipement génétique qui permet la musique, c'est parce que les rituels musicaux baignent leur vie quotidienne et parce que les adultes jouent devant le ventre rond des femmes enceintes de façon à préparer l'enfant qui, dès sa naissance, plongera dans un milieu où tout le pousse vers la guitare. On observe alors qu'à chaque génération les garçons apprennent la musique sans aller à l'école. Certains chercheurs expliquent ce don par la génétique. Mais on observe aussi qu'à chaque génération les hommes portent un chapeau feutre, et pourtant personne n'a publié sur l'hérédité du chapeau feutre liée au sexe!

Finalement, devant ce problème de la moindre intelligence des Noirs américains, la seule question vraiment scientifique est : qui paye?

D. L. : *Ne pensez-vous pas qu'il y ait quelque équivoque à désigner vos travaux, comme vous le faites, par*

*l'expression d' « éthologie humaine » dès lors que vous
vous refusez à « animaliser l'homme » autant qu'à
« humaniser l'animal » ?*

B. C. : « Éthologie », du grec *ethos* et *logos,* veut dire
« l'étude des mœurs, des caractères et des comportements d'un organisme, dans son milieu habituel ».

J'ai l'impression d'être vivant et de me comporter dans le milieu humain où je vis d'habitude. Je crois que j'ai des mœurs et des caractéristiques anatomiques et comportementales. Je ne serai donc pas vexé le jour où un homme, un chimpanzé ou un chevalier-gambette feront l'étude éthologique de mes comportements! En faisant ainsi, grâce à une méthode d'observation sémiologique, ils pourront m'éclairer sur mon apparition sur terre il y a quelques millions d'années, bien avant ma naissance individuelle, m'expliquer le développement de mes comportements au cours de mon ontogenèse, décrire la manière dont j'ai interagi avec ma mère, mon père, et puis mes compagnons, avant que ma mémoire personnelle n'apparaisse. Ils observeront comment les rythmes scolaires inventés par la culture agricole et industrielle du XIXᵉ siècle n'ont jamais tenu compte de mes rythmes biologiques mis au point par des millions d'années d'évolution. Puis ils dessineront mes changements de morphologie et de comportements après ma puberté et mon âge adulte, ma manière de me vêtir et de faire des gestes quand je parle, puis ils analyseront les modifications comportementales de ma vieillesse.

Je ne serai jamais vexé, car je sais qu'en tant qu'être vivant, j'appartiens au monde des vivants, parmi les animaux. Et pourtant, je n'ai jamais été personnellement un animal puisque, dès l'instant où les gamètes de mes parents ont fusionné, c'est une promesse d'homme qui démarrait et non pas une promesse de chat. Je serai donc vexé s'ils disent que je suis un animal, car, en tant qu'être de parole, j'appartiens à un monde exclusivement humain où je tiens à prendre une place pour y dire deux mots.

Comme tout humain, j'ai connu une double naissance, biologique et parolière, et si une seule vient à manquer, c'est l'ensemble qui s'effondre. Me demander de choisir entre une possible éthologie animale et une impossible éthologie humaine, c'est encore un coup des Toutinés et des Toutakis. Ces penseurs linéaires ont des pensées simples : tout ce qui n'est pas grand est petit, tout ce qui n'est pas mâle est femelle, tout ce qui n'est pas homme est animal. La certitude qui catégorise si clairement la perception du monde possède un grand effet tranquillisant, car elle donne un code d'action et un code moral (tout ce qui n'est pas bien est mal). Mais trop de clarté aveugle et l'évidence empêche de voir.

Pour répondre à ce que vous appelez « quelque équivoque », je vous propose la fable du premier congrès des centaures, il y a, mettons, quatre cent mille ans. Les centaures se côtoyaient, car ils aimaient vivre ensemble et, pour satisfaire ce désir, ils communiquaient par gestes, mimiques et grognements. Ils étaient capables de parler, mais ne le savaient pas, car ils n'avaient pas encore pensé à la convention du signe. Ils s'entraidaient, s'associaient pour faire des enfants et les protéger. Ils partageaient les produits de la chasse et de la cueillette. Leurs sabots et leurs cuisses musclées répondaient parfaitement à cette manière d'être humain qui leur avait permis de survivre depuis 4 millions d'années.

Un jour, deux centaures se sont « entendus » par gestes et se sont mis d'accord, comme on le fait entre étrangers qui ne parlent pas la même langue et se comprennent quand même, pour signifier que chaque fois qu'ils grogneraient « tac-ouf », cette sonorité convenue désignerait un gibier non vu. Ce truc fut tellement efficace que tous les centaures décidèrent de le répéter, car il suffisait désormais d'articuler « tac-ouf » pour coordonner ses actions, les adapter à un objet absent qui ne serait perçu que bien plus tard. Il suffisait de percevoir « tac-ouf » pour savoir que cette convention sonore représentait un gibier non perçu

Les centaures venaient de fonder la langue qui permettrait aux hommes d'habiter la planète des signes. Mais ils ne savaient pas que leurs descendants, légitimement fiers de cette invention, auraient honte de leurs origines. Ces centaures cultivés mais honteux de leurs cuisses chevalines ont alors inventé la théorie de la coupure : il y a un fossé, disaient-ils, entre l'homme et l'animal, un gouffre même. La nature de l'homme, ce n'est pas la nature, c'est l'artifice. Ils avaient cent fois raison, bien sûr, mais ils ne savaient pas que cette représentation de la condition humaine allait provoquer plus tard des tragédies sociales, car en définissant l'homme par sa nature non naturelle, ils désignaient en négatif les « non-hommes ». Si un être vivant sait parler, il faut le baptiser, mais s'il ne parle pas, on peut le cuisiner. La pensée binaire avait encore frappé, et des armées de soldats animés par ces penseurs ont chassé, dépecé, attelé, écartelé, déporté, brûlé, excommunié et rééduqué tous les non-hommes de la planète : les animaux, les Aztèques, les nègres, les Indiens, les juifs, les Tziganes et les homosexuels...

Qui va dire où passe la coupure ? Entre les hommes et les animaux-machines ? Entre les hommes et les femmes ? Entre les Blancs et les colorés ? Entre les civilisés et les sauvages ? Ou entre les chauves et les chevelus ? Toutes ces coupures ont été inventées et ont provoqué les crimes contre l'humanité, car définir qui est homme c'est désigner qui ne l'est pas. Cette notion de coupure du monde vivant explique l'étonnante bonne conscience des criminels contre l'humanité qui ont toujours déshumanisé ceux qu'ils voulaient tuer. Tuer une bête, ce n'est pas un crime tout de même !

La représentation gradualiste de la place de l'homme dans le monde vivant est plus difficile à tenir, car elle n'est pas binaire et exige un autre mode de recueil des connaissances que celui qui nous forme actuellement dans notre culture. Il faut mettre son nez dans la zoologie, la biologie, la neurologie et la psychologie, pour comprendre à quel point l'apparition du signe nous a permis d'échapper progressivement à l'immédiateté des stimulations.

Mais nous ne pouvons échapper à la matière qu'à partir de la matière ! Je défie quiconque de parler sans cerveau. Cet organe nécessaire est en revanche totalement insuffisant, puisque, en créant grâce à lui la planète des signes, l'homme échappe à la matière. C'est désormais dans l'histoire que nous habitons, et c'est là que nous puiserons nos décisions comportementales, nos actions, nos sentiments et nos engagements sociaux ou spirituels.

Cette représentation gradualiste du vivant implique une attitude face à autrui, symbolisée par un seul mot : devenir. Les animaux sont devenus ce qu'on observe aujourd'hui après des millions d'années de façonnements écologiques et biologiques. L'homme est devenu ce qu'il est après avoir subi le même type de façonnement, mais le premier congrès mondial des centaures fut une véritable révolution, car l'homme est devenu, à partir de ce jour, le seul animal capable d'échapper à la condition animale. Enfin, je suis

devenu l'être exceptionnel qui vous parle aujourd'hui,
car je suis très différent de la grenouille que j'étais
bien avant ma naissance quand, me faisant amphibie,
j'ai quitté le monde aquatique pour tenter l'aventure
terrienne. J'ai d'ailleurs répété ce déménagement écologique le jour de ma naissance et cela m'a fait souffrir, mais je ne m'en porte pas plus mal puisque, au
cours d'une de mes naissances ultérieures, j'ai pu utiliser l'air de mes poumons pour le faire vibrer contre
mes cordes vocales et en faire l'outil, le soufflet de ma
parole.

Penser le monde avec le mot « devenir »
implique une politique du vivant radicalement différente du fixisme de la coupure. Les « coupeuristes »
disent qui est homme et qui ne l'est pas. Alors que les
« deveniristes » cherchent les indices matériels qui
font le récit du monde. Ils racontent comment la
complexification croissante des cerveaux de tous les
êtres vivants leur permet à chaque million d'années
d'échapper un peu plus à leur contexte sensoriel. Ils
récitent le mythe du truc de la parole qui, en propul-
sant les hommes sur l'orbite de la planète des signes,
leur permet de s'arracher follement au contexte de
l'immédiateté pour tenter l'aventure de la transcen-
dance.

Ce mot « devenir » nous pose face aux autres. À
l'aide de ce mot, on verra que les enfants autistes ne
sont pas des animaux, puisqu'ils ont un équipement

génétique qui ne leur permet de devenir qu'humains.
Ce sont des hommes sans parole, qui auraient pu
devenir paroliers, lentement, en se préparant au signe
par des gestes, comme nous l'avons tous fait il y a
quatre cent mille ans, avant le congrès des centaures.
Les aphasiques et les sourds-muets sont aussi des
hommes qui vivent dans un monde sans parole où ils
font signe avec d'autres sensorialités. Et même les
étrangers sont peut-être des hommes, alors qu'ils ne
comprennent même pas ma langue!

Depuis le Moyen Âge, les coupeuristes partent à
la recherche de l'homme naturel, qui serait un
homme moins la parole. De grands expérimentalistes
comme Frédéric II de Prusse ont acheté des enfants et
les ont élevés dans d'excellentes conditions hôtelières
avec la consigne de ne jamais leur adresser la parole de
façon à voir émerger la condition naturelle. Dans les
années 60, de grands ethnologues sont partis à la
recherche d'enfants sauvages, comme l'avait fait Itard
au XIXᵉ siècle. On en conclut qu'un homme moins la
culture n'est pas un homme naturel, c'est plutôt un
amputé total de sa condition d'homme, puisque
même ses promesses biologiques ne peuvent se développer.

Voilà pourquoi, si l'on s'entraîne à regarder le
monde avec le mot devenir, on fera des observations
graduelles où l'étonnante plasticité du vivant permet-
tra de considérer les animaux ni comme des machines,

ni comme des hommes et de regarder l'homme comme le seul animal capable de s'arracher à la condition animale pour devenir homme.

À ce moment-là, on pourra faire de l'éthologie tout court où cette science de l'observation deviendra le préfixe de disciplines auparavant constituées, comme l'étho-zoologie, l'étho-urbanisme, l'étho-neurologie, l'étho-linguistique et l'étho-ce que vous voudrez.

D. L. : *L'un des passages qui ont le plus heurté vos lecteurs dans la première édition de votre livre est celui où vous affirmez que l'inceste est largement répandu et que, dans bien des cas, « cela se passe bien ». Pouvez-vous revenir sur ce point délicat ?*

B. C. : Quand j'ai commencé à pratiquer la médecine il y a trente ans, on m'expliquait doctement que l'inceste n'existait pas et que seuls les animaux le pratiquaient, puisque l'interdit de l'inceste marquait le passage de la nature à la culture. J'étais bien content, jusqu'au jour où j'ai entendu mon premier cas à l'hôpital psychiatrique de Digne : un vieux paysan de soixante-dix ans qui commençait une maladie d'Alzheimer avait sollicité sa fille, une institutrice âgée de quarante-cinq ans. Celle-ci, horrifiée, l'avait évidemment repoussé, et le vieux monsieur, transpercé d'angoisse, avait tenté de se pendre. Après sa réanimation, il m'expliquait qu'il avait confondu sa femme et sa fille. Un examen neurologique avait en effet confirmé qu'il démarrait une altération cérébrale par le symptôme très fréquent de la prosopagnosie, où le sujet ne reconnaît plus les visages. On ne pouvait pas nommer cet acte tentative d'inceste, et pourtant... le père avait sollicité sa fille! Un événement pouvait donc exister dans le réel et connaître une existence différente dans la verbalité! Soumis à sa perception altérée de la réalité, le vieux monsieur croyait demander une relation conjugale, mais quand, après le retour de sa conscience, sa représentation verbale de l'acte l'a dénommé « inceste », il a voulu se tuer. Ce monsieur n'était pourtant jamais retourné à l'animalité. Dans son réel perçu, il sollicitait sa femme, alors que, dans le réel perçu par les voisins, il s'agissait d'un inceste. À cause de sa perception altérée modifiant sa représentation, il ne se sentait pas père, et ce façonnement sentimental malade avait autorisé le passage à l'acte. C'est la fille, malheureuse et gênée, qui a défendu son père contre la colère vertueuse des voisins.

C'est ce qui est arrivé à Œdipe qui, n'ayant pas été élevé par Laïos et Jocaste, ne pouvait pas les éprouver en tant que père et mère. Ne se sentant pas fils, il pouvait penser à la chose. Tant que l'oracle de Thèbes ne lui a pas énoncé la vérité, Œdipe ne pouvait pas éprouver ce sentiment qui n'avait pas été imprégné en lui au cours du tissage parental des liens de l'attachement.

Dans les années 70, quand les associations féministes, volant au secours des enfants maltraités, ont dévoilé l'inceste, tout le monde a été étonné par sa fréquence inattendue. Nous comprenions alors que l'interdit porte sur le « dire » autant que sur le « faire », ce qui rend plus facile la tyrannie des pères incestueux, car les enfants se taisent. Je pense aujourd'hui que c'est la culture qui les contraint au silence, car ces enfants parfois osent le dire, mais personne ne peut les entendre. On leur explique qu'ils ont eu des fantasmes, confondu leur rêve avec la réalité, on leur dit même qu'ils mentent, car il est impossible qu'un père si gentil ait pu commettre un tel acte. Quant à la mère, c'est impensable! Alors les enfants se taisent, l'incestueur en profite pendant des années car, lui, n'éprouve pas le sentiment de crime, sauf dans le cabinet du juge qu'il cherche à amadouer.

Il n'y a donc pas de réflexion paisible sur ce sujet brûlant et vos lecteurs qui s'étonnent de la fréquence de l'inceste m'étonnent énormément. Comment font-ils pour éviter les tonnes de littérature anthropologique portant sur ce sujet? Comment font-ils pour ne pas aller au théâtre, au cinéma, pour ne pas lire les Grecs, les romantiques ou les témoignages actuels qui inondent nos œuvres d'art et nos documentaires? Comment font-ils pour ne pas lire dans la presse quotidienne les comptes rendus de cas auxquels les juges consacrent un procès sur cinq? Comment font-ils pour ne pas savoir que, dans chaque classe, aujourd'hui, un enfant est concerné par ce problème? Comment font-ils pour ignorer que 80 % des incestes n'iront jamais en justice, tant notre culture fait taire les victimes?

À la même époque, dans les années 70, les étho-logues animaliers nous apprenaient qu'il y avait souvent chez les animaux, en milieu naturel (pas en zoo ni en conditions domestiques), un mécanisme naturel qui inhibait l'inceste. C'est le tissage des liens de l'attachement qui empêchait l'inceste, puisque, en cas d'accident ou d'expérimentation qui altérait ce tis-sage du lien, l'inceste devenait réalisable.

Les critiques des anthropologues nous ont rapi-dement fait comprendre que nous aurions dû formu-ler d'une autre manière ces observations. Nous aurions dû dire que, lorsqu'il n'y avait pas d'attache-ment, les deux animaux pouvaient alors réaliser un acte sexuel que, dans un monde humain parlant, nous aurions dénommé « inceste ». Pour beaucoup d'ani-maux en milieu non humain, l'enchaînement des comportements sexuels est inhibé en cas d'attache-ment. Il se déroule jusqu'au bout si ce lien n'est pas imprégné. Mais pour eux, c'est une séquence motrice sexuelle, inhibée ou aboutie, ce n'est jamais un inceste!

Ce qui implique que, pour l'homme, cet acte sexuel biologiquement possible est rendu impossible par un double verrouillage, sentimental et verbal. Or, la fréquence des incestes nous apprend que ce double verrouillage saute de plus en plus souvent. Voilà le drame et le mystère !

Dans les années 80, quand les associations de recherches cliniques et de protection des enfants ont précisé le problème, il leur a encore été très difficile d'en parler. Lors des réunions, il y avait toujours dans la salle quelqu'un pour s'exclamer : « Il faut leur couper les couilles ! » Ce qui, au passage, permettait de comprendre que ce délicat locuteur n'envisageait pas le cas des mères incestueuses. Je répondais alors que j'étais psychiatre et non pas chirurgien, et que l'ablation des testicules ne permettrait pas de comprendre par quel mystère les deux verrous avaient sauté, rendant ainsi possible un acte impensable.

Il fallait comprendre ! Les incestueurs se taisaient, les victimes se taisaient, et les exclamations bien pensantes faisaient taire les chercheurs. L'acte était tabou et les mots pour le dire étaient aussi tabous, ce qui ne facilitait pas la compréhension du mystère. Or, comprendre, c'est prévenir l'inceste, et non pas le défendre, comme on nous l'a incroyablement reproché.

Il fallait d'abord recueillir les informations cliniques pour constituer une matière à penser et ne plus seulement réagir par la dénégation ou la punition. Ce genre de recherches ne peut pas se faire en laboratoire où seules les molécules, les membranes et les ondes électriques bénéficient de financements. Alors des associations de praticiens se sont constituées, qui, par des méthodes latérales d'enquêtes, de témoignages et de groupes de réflexion, ont fini par composer une autre représentation de l'inceste.

Il est possible de parler tranquillement d'inceste à condition d'empêcher l'émotion que provoque sa représentation. Vous trouverez des kilos de littérature sur le calcul des distances génétiques, sur la transmission des maladies héréditaires, sur l'invraisemblable sac de nœuds des structures de la parenté que seuls de grands anthropologues savent dénouer, mais vous trouverez très peu d'écrits témoignant de l'ambivalence des filles envers le père incestueux, du devenir des enfants nés d'inceste, ou surtout des témoignages de la vie quotidienne de ces couples incestueux qui dure des années et parfois des décennies. Parce que cela, c'est insupportable.

Il fallait tellement prouver que l'inceste est une monstruosité que, bien avant la découverte des chromosomes, les prêtres et les médecins soutenaient que les enfants nés d'inceste étaient des monstres. Or, ce n'est pas vrai. S'il y a une tare génétique dans le couple originel, la tare se transmet comme pour toute maladie génétique, mais s'il n'y en a pas, rien de mal ne se transmet. Ce qui est une vérité de La Palice. De plus, les rencontres sexuelles dans toute population humaine se font parmi un si petit éventail de partenaires possibles que la proximité génétique frôle l'inceste! Et les enfants sont beaux!

Dans les cohortes d'enfants nés d'inceste, on constate pourtant une mortalité et une morbidité nettement supérieure à la population témoin. Mais quand on examine les dossiers médicaux, on ne constate que des maladies relationnelles : accidents fréquents, infections durables et répétées, déshydratations, dénutritions par faute de soins. Ces enfants se développent mal parce que leurs parents, malheureux, n'ont pas la force de s'en occuper. L'origine des troubles est donc psychosociale et non pas génétique.

Après cette publication, on nous a reproché de recommander la pratique de l'inceste! Encore aujourd'hui, je me demande s'il s'agit d'une taquinerie ou d'une malveillance.

À cette époque, nous avons vu arriver dans nos groupes et nos consultations des couples incestueux qui jusqu'alors s'étaient tus. Ils venaient nous poser une question à laquelle nous ne savions pas répondre puisque ces gens-là n'existent ni dans nos pensées ni dans nos écrits : comment doit-on parler de leur parenté aux enfants nés de l'inceste? Je pense à cette gentille institutrice qui avait eu un enfant avec son frère. Ils avaient souhaité le garder et désiraient prendre leur place de parents. Mais, culturellement, c'est impossible, alors que, biologiquement et affectivement, cela ne leur posait aucun problème puisqu'ils étaient tous deux en bonne santé et amoureux.

Les témoignages commencent à se collecter puisque maintenant quelques praticiens acceptent de les entendre et de les raconter. Et la sémiologie qui apparaît m'invite à nuancer ce que je viens de dire. Pendant ses petites années, l'enfant né d'inceste ne souffre pas de difficultés affectives, si la mère se sent aimée. Cette condition pose un problème énorme, car il est difficile d'être aimé de cette manière-là par un proche parent. L'enfant pourtant se développe, mais pose sans cesse la question : « Où est mon papa? » à laquelle la mère ne peut pas répondre. Le silence de la mère trouble l'enfant jusqu'au jour où, à son tour, il se tait. Et son silence brutal hurle qu'il vient de comprendre. Que deviendra-t-il? Comment pourra-t-il se représenter une telle filiation? Nos réponses sont floues parce que nous n'avons pas encore organisé une saine réflexion.

En revanche, nous pouvons proposer une explication à la défaillance du double verrouillage. Si l'inceste se réalise, c'est qu'il y a un trouble du façonnement sentimental et qu'il y a en plus un non-entendu de l'énoncé social.

Le trouble du façonnement sentimental semble la règle. Très souvent, l'attachement ne s'est pas tissé : les troubles du tissage peuvent être organiques comme dans la maladie d'Alzheimer où il n'est pas rare qu'une mère sollicite son fils. La simple explication de l'origine organique du trouble, quand elle est trouvée, suffit à soulager la famille. Cette « tentative »-là passe rarement en justice car la maladie déculpabilise. Mais sur le plan théorique, ce fait est important, car il étaye l'idée qu'un trouble de la représentation peut ne plus empêcher le passage à l'acte.

Le plus souvent, l'attachement n'a pu se tisser parce que les séparations ont été totales, ou précoces et durables, parfois fréquentes et répétées. Les perceptions du quotidien altérées ou impossibles n'alimentent plus les représentations et ne tissent plus le lien. L'homme ne se sent pas père, la fille se sent jeune femme, le frère et la sœur s'éprouvent comme deux complices sexuels possibles. Les cas cliniques illustrant cette hypothèse sont très fréquents, comme cette jeune femme élevée par un autre père, qui, à l'âge de trente ans, retrouve son père biologique et tombe dans ses bras, amoureusement. De même, ce frère et cette sœur, séparés totalement depuis les petites années, et réunis à l'âge de seize et quatorze ans dans la même chambre. Aujourd'hui, ils sont mariés chacun de leur côté pour lutter contre leur désir, mais se retrouvent en cachette, comme deux amants.

Le lien ne peut se tisser lorsque la séparation a été durable, mais il ne peut pas se tisser non plus quand la proximité trop grande provoque une fusion-confusion des sentiments. Véronique avait neuf ans

quand son frère âgé de douze ans est entré dans son
lit. Ce frère aîné avait des jeux hardis avec son jumeau
et celui-ci venait d'être hospitalisé. Véronique n'a pas
compris, mais le jeu l'a amusée. Plusieurs années plus
tard, elle était au lycée, quand elle a entendu prononcer le mot « inceste ». Le soir même, elle disait à son
frère : « Ceci est un crime, nous ne pouvons plus le
faire. » Le frère a insisté et ils avaient tant l'habitude.
Mais l'angoisse, devenue plus forte que le désir, inhibait ses émotions, ses pensées et ses actions. L'amour
s'est transformé en malheur. En quelques semaines,
elle est devenue mauvaise élève, sombre et solitaire et,
encore aujourd'hui, vingt ans plus tard, elle est ter-
riblement inhibée.

La perception est souvent dissociée de la représentation. C'est pourquoi lorsqu'une petite fille subit
les attouchements sexuels de son père, elle perçoit cet
acte avec une connotation étrange ou agréable qu'elle
n'associera que bien plus tard à la représentation verbale qui dit : « Ceci est un inceste. » Certains enfants
sont effrayés très tôt par ce genre de geste, mais
d'autres en comprennent la signification sociale étonnamment tard, car l'ontogenèse de la sexualité varie
énormément selon les individus. Certaines petites
filles se donnent des plaisirs sexuels entre deux et trois
ans, jusqu'à en perdre connaissance, alors que d'autres
passeront la vie sans jamais éprouver cette sensation.
Les extrêmes précocités posent de toute façon le pro-

blème de la socialisation de cet acte intime dénié ou mal toléré par les familles qui consultent souvent pour « crise d'épilepsie » !

Pour toutes les grandes émotions d'une existence, il y a un temps de latence entre la perception immédiate et la représentation de l'acte, retardée par définition, puisqu'il s'agit de se présenter à nouveau à soi-même, en images ou en mots, une scène auparavant éprouvée. Ce mécanisme psychologique est la règle dans tous les grands fracas d'une existence, tels que les accidents, les guerres, les tortures ou les incestes, où la souffrance apparaît plus tard, dans la représentation bien plus que dans la perception.

Or, la plupart des incestes durent des années avant d'être évités, dévoilés ou combattus avec efficacité. Il faut attendre que la personnalité de l'enfant s'affirme et que le soutien social l'aide à se défendre, ce qui est rarement le cas. La plupart du temps, le village agresse celle qui dévoile l'inceste ou pouffe de rire quand la victime est un garçon. En attendant, l'enfant subit et interprète dans son monde un acte encore mal représenté. Comme Mme G... qui, vers l'âge de sept-huit ans, est passée de la toilette intime donnée par son père à un scénario comportemental qui, pour elle, était proche de la toilette, mais dont les sensations étaient différentes. Il lui a fallu longtemps pour comprendre et encore plus longtemps pour le dire. Cette banalité clinique explique pourquoi les enquêtes réalisées par le Centre de recherche du ministère de la Justice (à Vaucresson) publient ces chiffres insupportables : 8,5 % des enfants victimes désirent pérenniser cette relation et 4,5 % ne dévoilent l'inceste que lorsque le père s'attaque à la cadette. En revanche, nous supportons bien mieux la représentation inverse. Nous acceptons avec un vertueux dégoût le récit stéréotypé du père sadique, aviné, ne contrôlant pas ses pulsions et y soumettant par la force une innocente enfant. Là, au moins, la catégorie est exemplaire. Nous savons qui haïr et qui punir. Nous savons où est le Bien et le Mal. Nous pouvons choisir notre camp et inculper le vilain : nous nous sentons bien.

Ce schéma est à coup sûr fréquent dans cette clinique de l'extrême violence, d'où les enfants ressortent comme après une torture longue et répétée. Ce n'est pas le fait que je conteste : je sais bien qu'il existe et qu'il est terrible. L'idée que je propose, c'est que ce récit-là est le mieux accepté par notre société parce qu'il prend la fonction d'un récit populaire qui dit où est le Bien et désigne le Diable.

Cette fonction de l'énoncé est capitale puisque c'est là que se situe le verrou principal qui empêche l'inceste. Les émotions animales sont alimentées par les perceptions que l'organisme extrait de son milieu. Alors que les sentiments humains plantent une racine dans l'attachement quotidien et une autre racine dans l'émotion provoquée par une représentation énoncée dans le discours social.

Là, se pose le problème du deuxième verrou : pourquoi certains adultes ou grands enfants n'entendent-ils pas ce discours? Il ne peut pas y avoir de cause unique et l'on doit chercher l'explication à plusieurs niveaux. Quand il s'agit d'un encéphalopathe, la justice est rarement appelée. Le parent, malheureux, se protège ou protège l'enfant et dit : « Il ne peut pas comprendre, ce n'est pas sa faute. » La réaction est voisine quand l'agresseur sexuel est un psychotique dont le discours social fait un analogue d'encéphalopathie. Mais quand il s'agit d'un pervers dont le trouble de la personnalité est enkysté et lui permet d'être normal par ailleurs, nous devenons anxieux car notre monde perd sa clarté : cet homme est intelligent, cultivé, charmant comme moi... or, il pratique l'inceste! Alors, si plus rien n'est typique, si les catégories ne sont pas claires, si un moineau cesse de devenir un exemple d'oiseau, comment allons-nous faire pour percevoir le monde, pour y éprouver des sentiments caractérisés, pour y manifester un code d'actions sans ambiguïté, pour se sentir soi-même, à sa place, dans son groupe d'appartenance?

Voilà pourquoi il est vital d'interdire l'inceste si nous voulons coexister et produire la culture qui nous permet de vivre ensemble dans un monde partageable.

L'ennui, c'est que, sur terre, il y a mille langues et que le mot qui dit ce qu'est l'inceste et contient l'interdit ne désigne pas les mêmes rencontres sexuelles selon les cultures!

Il y aurait donc des gens incestueux dans une culture, et pas dans une autre? Cette donnée anthropologique banale révulse la femme qui, depuis vingt ans, répète à chaque seconde la torture d'un inceste subi dans son enfance.

Et pourtant... il y a quelques années en Angleterre et quelques générations en France, on désignait comme incestueux l'homme qui, après la mort de sa femme, courtisait sa belle-sœur. Or, aujourd'hui encore, les juifs considèrent qu'un veuf doit courtiser sa belle-sœur si elle est libre. Dans une même culture, dans une même langue, certains peuvent donc éprouver une même rencontre sexuelle soit comme un acte criminel, soit comme un acte moral! Et ce sentiment authentiquement éprouvé ne dépend que du discours du groupe auquel on appartient!

Je connais des gens qui, avant leur mariage, s'appelaient tous deux « Martin ». Elle se prénomme « Isabelle » et lui « Victor ». Ils se sont rencontrés, se sont aimés, se sont mariés, ont eu des enfants et tout le monde a trouvé que le hasard des noms était très amusant... en France! Car en Chine, cette union biologiquement possible est désignée comme un inceste et interdite avec dégoût. La parade verbale consiste à ne pas donner de nom de famille aux filles... ainsi il n'y aura jamais d'inceste!

J'ai longtemps cru que le plus impensable de tous les incestes était l'inceste mère-fils que les travailleurs sociaux doivent affronter de plus en plus souvent. Jusqu'au jour où des anthropologues m'ont expliqué que l'inceste mère-fille était encore plus combattu... en Occident, alors qu'en Orient certaines pratiques que nous appellerions incestes sont tolérées sans angoisse, et que le crime des crimes sexuels, c'est l'inceste frère-sœur, si fréquent en Europe.

Décidément, les moineaux ne représentent plus les oiseaux! Les mélanges culturels vont nous inviter à vivre dans l'incertitude. Et pourtant, là plus qu'ailleurs, à cause de l'intensité émotionnelle de la sexualité et de son pouvoir organisateur de la vie des individus et des groupes, nous avons absolument besoin de structures, donc d'interdits. C'est peut-être ce qui explique le retour des intégrismes, leur amour des interdits tellement sécurisants et leur haine de la liberté, tellement angoissante? L'ennui, c'est que l'incertitude est créatrice et la certitude mortifère.

Alors, comment s'en sortir, si l'on veut encore vivre ensemble dans une culture que nous sommes contraints à inventer sans cesse?

Dans une même culture, certains individus n'entendent pas le discours social parce que leur cerveau ou leur personnalité sont altérés. D'autres personnes n'éprouvent pas l'interdit pourtant clairement énoncé par la culture, comme les pervers, ce qui rend la justice difficile, car les associations de victimes d'inceste ou de pédophilie ne veulent pas qu'on attribue aux agresseurs le statut de malades mentaux non punissables.

Si le nombre des incestes dévoilés et secrets augmente dans notre culture, c'est surtout parce que nos discours sociaux ne parlent pas clairement. Devenant cafouilleux, nos rôles familiaux ne prescrivent plus de codes comportementaux clairs.

L'indignation vertueuse n'explique rien et la punition ne prévient aucun inceste.

Or, c'est nous-mêmes qui devons faire la culture, car nous en sommes tous responsables : dans nos gestes quotidiens avec nos proches, dans nos rituels sociaux avec nos voisins et dans nos récits quand on prend la parole.

Alors, le cafouillis des représentations n'engendrera plus le cafouillis des sentiments et des gestes qui s'y enracinent.

D. L. : *Les méthodes d'observation que vous employez à l'endroit des nouveau-nés ou des enfants autistes choquent également certains, qui y voient une entorse à l'éthique. Que leur répondez-vous ?*

B. C. : Que cette question est pittoresque ! La haine de

l'observation a empêché le développement de la sémiologie médicale jusqu'au XIXᵉ siècle. C'est un slogan absurde : « La République n'a pas besoin de savant », qui a permis de faire taire la médecine de Diafoirus. Dès lors, Laënnec a pu inventer un artisanat sémiologique où il fallait utiliser sa sensorialité pour percevoir l'odeur d'une urine, la sonorité mate d'un poumon ou un chuintement cardiaque et en faire un symptôme perceptible d'une lésion non perçue. Toute l'Europe est venue à Paris apprendre cet artisanat sensoriel où il suffisait de taper sur un sou, de percuter un tendon ou de gratter la plante du pied pour faire un diagnostic, observer l'évolution d'une maladie et évaluer l'effet d'un traitement. Toute la médecine moderne est née de cette naïveté.

Auparavant, une attitude intellectuelle, inutilement abstraite, méprisait tellement l'artisanat qu'elle avait donné tout le pouvoir universitaire à ceux qui manipulaient les mots, exclusivement. Mais ces mots, coupés de la réalité sensible, tournaient en rond et s'alimentaient d'eux-mêmes, chacun citant l'autre. La parole ne désignait plus la chose, les émotions ou l'idée pour lesquelles elle avait été inventée. Diafoirus parlait pour faire taire, et non pour échanger. Son latin de cuisine servait à masquer son ignorance de la chose médicale.

À la même époque, les chirurgiens, dès l'âge de seize ans, mettaient les mains et les instruments dans la matière humaine : le sang des plaies et la barbe des joues. Ils balbutiaient une sémiologie empirique assez souvent bien vue, mais non diplômée.

L'image a toujours eu mauvaise réputation chez ceux qui éprouvent la haine du corps. Certains prêtres, hier en Pologne et aujourd'hui en Iran, combattent le cinéma qui donne le plaisir du Diable. Pour eux, l'image est honteuse, comme l'olfaction qui rabaisse la condition humaine en permettant à l'homme de flairer comme une bête et de se laisser pénétrer par l'odeur qui s'échappe du corps des autres. Pour les iconoclastes, seuls les mots sont transcendants, la sensorialité, elle, est immanente.

Ce qui serait vrai, si nous ne faisions pas, comme Laënnec, une sémiologie sensorielle. Car les images, les bruits, et même les odeurs indiquent des choses, et les mots sont aussi des objets sonores. Ce sont eux qui matérialisent le signifiant, comme la posture, comme la mimique, comme les gestes, comme les vêtements, comme les objets, car chez l'homme tout peut faire signe. Alors l'image peut à son tour devenir transcendante.

L'attitude intellectuelle des intégristes du mot engendre une véritable persécution. Elle prête aux autres l'intention de rabaisser l'homme au rang de la bête et de la sensorialité immanente. Les voyeurs, les renifleurs, les palpeurs sont pour eux des pervers et non pas des sémiologistes. Il leur suffirait de lire deux

lignes, de rencontrer deux minutes, d'échanger deux
mots pour découvrir le contraire. Mais ils ne le font
pas, ceux qui croient que la pensée est une révélation
et non pas une élaboration. Ils se soumettent à l'idée
qu'ils se font des autres et non pas à la connaissance
qu'ils pourraient en acquérir. C'est ainsi qu'ils ont
rendu débiles des milliers d'enfants sourds, en les
empêchant de communiquer par les images gestuelles
signées. C'est ainsi qu'ils ont diabolisé les comédiens
qui donnaient trop à voir, les musiciens qui pro-
curaient trop de plaisir auditif, les danseuses qui
montraient trop leurs jambes, les femmes trop belles
pour être intelligentes et les hommes trop élégants
pour devenir d'austères scientifiques.

Dès nos premières réunions, dans les années 70,
pour fonder l'éthologie humaine, cette critique nous a
été orageusement formulée par des scientifiques, mys-
tiques d'ultra-gauche qui nous reprochaient : « De
quel droit observez-vous des enfants ? » Pour un clini-
cien qui, pendant des années, s'est entraîné à percevoir
le moindre tremblement, la plus petite claudication,
l'infime changement de couleur de la cornée, le plus
petit souffle sibilant du cœur ou des poumons, cette
remarque vertueuse, prononcée au nom de l'éthique,
nous ramenait à Diafoirus, en disqualifiant toute une
civilisation du signe.

Bien sûr, la crainte du vol des images est justifiée.
Que va-t-on faire de la cassette enregistrée : en faire un

grand spectacle, ridiculiser le malade, montrer sa souffrance à des témoins rigolards? Sans compter les situations plus fréquentes où le secret professionnel risque d'être violé.

Nous sommes sensibles à cet argument et, légalement, nous sommes contraints à demander aux personnes l'autorisation de les filmer et d'en faire un usage scientifique. Quand il s'agit de mères et de leur enfant, elles acceptent presque toujours en passant un contrat thérapeutique : « Si vous comprenez quelque chose, faites-le-moi comprendre. » Quand il s'agit de malades, ils acceptent souvent, mais leur réticence éventuelle nous paraît toujours légitime, d'autant qu'il arrive qu'on nous demande ces images, ce que nous refusons absolument, car les patients seraient alors en droit de nous le reprocher, et ils auraient raison.

D'autres scientifiques nous reprochent de ne pas communiquer nos preuves, car la science est une grande productrice d'images. Nous sommes pour la plupart cliniciens et sémiologistes, même si quelques-uns parmi nous sont de vrais scientifiques. Quand un enfant pleure ou dès qu'un adulte nous le signifie, nous arrêtons l'observation. Nous ne faisons pas toujours de même en médecine quand nous vaccinons ou quand nous séparons l'enfant de la mère pour l'examiner. Quant à la preuve, c'est l'observation qui en tient lieu : dès l'instant où nous fournissons l'hypothèse, la méthode et la production du résultat, n'importe qui peut vérifier. Comme en médecine, n'importe qui peut faire un diagnostic à condition d'en apprendre les signes. Ce qui compte alors, c'est la concordance entre les observateurs. Quand nous avons publié nos observations sur « Le retour des empreintes langagères », où nous décrivons comment les personnes âgées oublient la langue dans laquelle elles ont passé toute leur vie, pour ne retrouver que celle de leurs petites années qu'elles n'ont pratiquement pas utilisée, nous avons montré très peu de cassettes puisque les patients étaient réticents. Mais dès l'instant où l'hypothèse et la méthode ont été clairement formulées, nous avons reçu une avalanche d'observations analogues réalisées par des médecins, des psychologues, des linguistes, des orthophonistes ou des naïfs qui, dès qu'ils ont eu l'idée en tête, ont su la rendre observable.

Je pense au contraire que la caméra réintroduit la pudeur dans les sciences de l'observation. Pour les animaux, la chasse à l'image a réduit le carnage. Et en clinique humaine, je me rappelle les présentations de malades où les grands noms de la médecine et de la psychologie, comme Jean Delay ou Jacques Lacan, interrogeaient les beaux cas devant cent à deux cents étudiants dissipés, tandis que le patient sur scène était enjoint à raconter sa souffrance, brillamment commentée par ces grands esprits.

Ça, c'était l'impudeur!

Aujourd'hui, nous enregistrons un film si la personne accepte, et c'est la cassette que nous manipulons cent fois, pour observer les déplacements, pour enregistrer les cris et les silences, pour l'analyser au ralenti.

L'image ainsi produite n'est pas une preuve scientifique, puisque rien n'est plus menteur qu'une caméra, mais c'est un matériau qui permet l'analyse sémiologique sans importuner le patient.

Certains psychanalystes, à Paris ou au Québec, se servent parfois de ces enregistrements pour les montrer aux patients et en faire un travail psychothérapique. Car personne ne se voit avec un regard extérieur à soi-même et ce décalage est souvent source de prise de conscience... à travailler psychologiquement. Les thérapeutes de la famille utilisent aussi ce média qui donne à voir et à penser.

Ceux qui critiquent ces méthodes sont probablement les mêmes que ceux qui, au XVIe siècle, blâmaient les premières dissections au nom de la morale, en affirmant qu'ils avaient vu le cadavre bouger.

Le drame de la pensée binaire, c'est qu'elle a besoin de cliver le monde pour désigner le Bien et le Mal. Les tortionnaires sont diabolisés et les victimes angélisées. Ces catégories sont alors mises en lumière jusqu'à l'aveuglement, ce qui anesthésie la pensée. Car lorsqu'on accepte de rencontrer ces gens, de les entendre et de réfléchir avec eux, on découvre que le tortionnaire est un esthète et un bon père de famille, ou que la victime peut se servir de la souffrance pour légitimer par la suite une satisfaction sadique. Et c'est ça le scandale! C'est que rien n'est clair en soi, sauf si notre pensée crée des catégories trop claires qui arrêtent la pensée en désignant l'évidence : lui, c'est le bon; l'autre, c'est le méchant.

Cette pensée fixiste bloque l'évolution des personnes et des idées, elle empêche de décrire le vivant avec ses nuances, et surtout elle engage les individus dans une récitation de certitudes où le méchant, le fou, le criminel, le violent, l'immoral de « mauvaise foi », c'est celui qui n'a pas la même pensée que moi! Et c'est ainsi que se préparent les guerres de croyance.

L'artisanat sémiologique, grâce à sa modestie, pose des problèmes fondamentaux et donne, pour les résoudre, des réponses graduelles.

Les enfants abandonnés sont difficiles à aimer, car ils alternent l'isolement, rempli de balancements stéréotypés, avec des explosions émotionnelles de joie ou de colère que l'éducateur a du mal à endiguer. Ces petits, à cause de leur privation affective, n'ont jamais pu apprendre à ritualiser leurs interactions. Quand on parle avec les éducateurs, on entend une série de rationnalisations ou de justifications de leurs réactions agressives : ces enfants sont sales, voleurs, menteurs, insupportables, ils empêchent le groupe de fonctionner. Et parlant ainsi, ils disent la vérité. Si on cherche à les convaincre qu'ils ont tort, on aggrave leurs défenses, car eux, ils savent, ils éprouvent, ils voient, ce sont des praticiens. Alors on enregistre leurs interactions quotidiennes avec ces enfants et on leur donne à voir des images, simplement. Ils observent eux-mêmes la maladresse pulsionnelle de l'enfant et les réactions émotionnelles de l'adulte. Ils voient, comme un témoin distant et paisible, qu'ils ont adapté leurs réactions comportementales à l'émotion déclenchée par la brutalité de l'enfant mal ritualisé : il est bien rare qu'après cela l'éducateur n'évolue pas, donnant ainsi à l'enfant le temps d'évoluer à son tour en apprenant à établir des relations banales.

Avant l'ère de cette sémiologie du quotidien, j'ai connu de grands universitaires médecins qui expliquaient à leurs élèves que « le traitement des enfants abandonnés, c'est la chasse d'eau ». De grands hommes politiques de la génération précédente avaient créé des bagnes pour enfants afin « d'assainir la population ».

Si ces grands hommes avaient accepté une banale observation directe, au lieu de se soumettre à l'idée qu'ils se faisaient de ces enfants, ils auraient probablement évolué, car ils n'étaient pas forcément plus méchants que d'autres. Peut-être avaient-ils trop de convictions pour avoir été trop bien élevés, trop diplômés, trop reconnus par un milieu trop bien-pensant où le Bien était clairement représenté, et d'une manière éblouissante qui éteignait les nuances. Tous ceux qui ne se conformaient pas à cette idée du Bien représentaient le Mal : il devenait moral de les éliminer.

Quand dans les années 50, Spitz, Bowlby et Robertson ont filmé des enfants banalement séparés de leur mère, ils ont rendu observable un fait que la pensée collective de l'époque n'envisageait même pas : un enfant privé de sa mère peut souffrir de troubles affectifs. Quand je raconte cette histoire aujourd'hui, les étudiants croient que je parle de Jurassic-Psy. Ce qui comptait dans le discours social de l'époque, c'étaient le poids et la mesure, les « ingesta » et les « excreta » : on pesait donc un enfant avant son placement en institution et, s'il avait grossi, c'était la preuve que l'institution était bonne! La qualité s'évaluait en kilos d'enfant!

Il fallait être psychanalyste pour oser penser qu'une qualité pouvait s'évaluer autrement, et qu'un trouble manifesté aujourd'hui pouvait s'enraciner dans une privation survenue hier. Il fallait, en plus, être un psychanalyste non intégriste pour oser penser que ce qui se manifeste dans l'interaction observable n'exclut absolument pas l'historisation du sujet, nécessaire à son identité.

Par la suite, nos meilleurs psychanalystes ont tenté l'aventure de l'observation directe, sans pour autant renoncer au recueil des informations historiques : Mary Ainsworth, Myriam David, Geneviève Appel, Esther Bick, Mélanie Klein, Geneviève Haag, Caroline Eliacheff (tiens... pourquoi tant de femmes?). L'union de la psychanalyse et de l'observation directe constitue, à mon avis, un mariage de raison par la complémentarité des informations qu'elle produit, et aussi un mariage d'amour pour le plaisir qu'elle donne à écouter et voir ceux qui nous attirent.

Depuis qu'on sait observer et décrire les troubles provoqués par la privation affective, nos crèches et nos écoles maternelles sont devenues les meilleures du monde. Les pays qui veulent bien nous lire ou nous inviter pour affronter l'immense problème de l'enfance abandonnée qui dépassera les 100 millions sur la planète en l'an 2000 (chiffres de l'Organisation mondiale de la santé) s'occupent de mieux en mieux de ces enfants et ont la surprise d'observer que ces troubles sont réversibles.

D'autres cultures qui se représentent ces enfants comme des monstres leur construisent des institutions pour monstres, ce qui façonne ces petits comme des monstres.

L'observation directe a ouvert le champ de l'étude des interactions précoces entre un nourrisson et son entourage, a transformé le devenir des prématurés, a rendu observables les manifestations tardives provoquées par des carences précoces, a permis de synchroniser les rythmes biologiques des enfants avec les rythmes scolaires dans un très grand nombre de pays, a décrit la sémiologie des hommes sans parole (les aphasiques, les autistes et les enfants sauvages), a permis de comprendre la structure du temps chez les âgés, d'observer comment l'apparition de la parole inventait un nouveau monde, d'évaluer l'effet de certains médicaments, de comprendre les mouvements de foule et de répondre à l'angoissante question : pourquoi nous grattons-nous l'oreille?

J'ai du mal à voir où est le crime dénoncé par certains moralisateurs.

BIBLIOGRAPHIE

CHALLAMEL M.J., LAHLOU S., « Sleep and smiling in neonate : a new approach », *Sleep Research Society* 7 (IX), 1984.

COSNIER J., BROSSARD A., *La Communication non verbale*, Neûchatel/Paris, Delachaux & Niestlé, 1984.

COSNIER J., KERBRAT-ORECCHIONI C., *Décrire la conversation*, Presses universitaires de Lyon, Lyon, 1987.

COULON J., « La communicattion animale », *in* : COSNIER J., COULON J., BERREDENDONNER A., ORECCHIONI C., *Les Voies du langage*, Dunod, Paris, 1982.

CYRULNIK B., *Sous le signe du lien*, Hachette, Paris, 1989.

CYRULNIK B., FORY M., VERNIER J.P., « Face à face, biches et enfants psychotiques », congrès intern. l'Homme et l'animal, Monaco, 1990.

CYRULNIK B., LEROY R., « Éthologie des objets d'attachement », *Psycho. méd.* 2, 1988, p. 275-278.

DAVENPORT R.K., ROGERS C.M., 1971, « Perception of Photographs by Apes », *Behaviour*, n° 39, p. 318-320.

DELACOUR J., *Apprentissage et Mémoire, une approche neurobiologique*, Masson, Paris, 1987.

DEPUTTE B., « L'évitement de l'inceste chez les primates », *La Recherche*, nov. 1987.

DORÉ F.Y., *L'Apprentissage, une approche psycho-éthologique*, Maloine, Montréal, 1988.

EIBL-EIBESFELDT I., *Éthologie-Biologie du comportement*, Éditions Scientifiques, Paris, 1987.

HENRIOT P., « Une étude en milieu psychiatrique d'éthologie clinique de l'olfaction dans ses rapports aux souvenirs », mémoire de CES de psychiatrie, Marseille, 1991.

MALSON L., *Les Enfants sauvages*, Union générale d'éditions (coll. 10/18), Paris, 1964.

MONTAGNER H., *L'Attachement. Les débuts de la tendresse*, Éd. Odile Jacob, Paris, 1988.

ROBICHEZ-DISPA A., « Observation d'une relation médiatisée par l'objet chez l'enfant pré-verbalisant », diplôme d'université, Aix-Marseille-II, juin 1988.

SCHAAL B., « Olfaction in infants and children : developmental and functional perspectives », *Chemical Senses* (13) 2, 1988, p. 145-190.

TINBERGEN N., *L'Univers du goéland argenté*, Elsevier, Paris, 1975.

TABLE DES MATIÈRES

COLLECTION « PLURIEL »

PHILOSOPHIE

SCIENCES

HISTOIRE

PIERRE VALLAUD
(sous la direction de)
Atlas historique du XXᵉ siècle

JEAN VERDON
Le Plaisir au Moyen Age
La Nuit au Moyen Age

JEAN-PIERRE VERNANT
La Mort dans les yeux

PAUL VEYNE
et CATHERINE DARBO-
PESCHANSKY
Le Quotidien et l'Intéressant

PIERRE VIANSSON-PONTÉ
Histoire de la République gaullienne
(2 vol.)

B. VINCENT
B. BENASSAR
Le temps de l'Espagne
XVIᵉ-XVIIᵉ siècles

EUGEN WEBER
L'Action française

ANNETTE WIEVIORKA
Déportation et génocide
L'ère du témoin

ALAIN WOODROW
Les Jésuites

CHARLES ZORGBIBE
Histoire des relations internationales

ART, MUSIQUE, CRITIQUE LITTÉRAIRE

FRANÇOISE CACHIN
Gauguin

KENNETH CLARK
Le Nu (2 vol.)

JEAN-LOUIS FERRIER
De Picasso à Guernica
Brève histoire de l'art

RENÉ GIRARD
Mensonge romantique
et vérité romanesque

ROBERT GRAVES
Les Mythes grecs (2 vol.)

FRANCIS HASKELL
et NICHOLAS PENNY
Pour l'amour de l'antique

PIERRE-ANTOINE HURÉ
et CLAUDE KNEPPER
Liszt en son temps

LOUIS JANOVER
La Révolution surréaliste

GEORGES LIÉBERT
L'Art du chef d'orchestre

HERBERT LOTTMAN
Flaubert

PIERRE PACHET
Les baromètres de l'âme

JOHN REWALD
Le Post-impressionnisme (2 vol.)

VICTOR L. TAPIÉ
Baroque et classicisme

DORA VALLIER
L'Art abstrait

JEAN-NOËL VON DER WEID
La Musique du XXᵉ siècle

Imprimé en France, par l'imprimerie Hérissey à Évreux (Eure) - N° 95271
HACHETTE LITTÉRATURES - 43, quai de Grenelle - 75015 - Paris
Collection n° 25 - Édition n° 06
Dépôt légal : juillet 2003
ISBN : 2.01.278891.2